中國學術思想 研究輯刊

二一編

林慶彰 主編

第19冊

古存則道存
——晚清存古學堂學人的學術思想與經世的追求

黃琬柔 著

花木蘭文化出版社

國家圖書館出版品預行編目資料

古存則道存——晚清存古學堂學人的學術思想與經世的追求／黃
琬柔 著 -- 初版 -- 新北市：花木蘭文化出版社，2015〔民104〕
目 2+130 面；19×26 公分
（中國學術思想研究輯刊 二一編：第 19 冊）
ISBN 978-986-404-059-9（精裝）
1. 清代哲學
030.8   103027161

ISBN-978-986-404-059-9

9 789864 040599

中國學術思想研究輯刊
二一編　第十九冊　　　　　　　ISBN：978-986-404-059-9

古存則道存
——晚清存古學堂學人的學術思想與經世的追求

作　　者　黃琬柔
主　　編　林慶彰
總 編 輯　杜潔祥
副總編輯　楊嘉樂
編　　輯　許郁翎
出　　版　花木蘭文化出版社
社　　長　高小娟
聯絡地址　235 新北市中和區中安街七二號十三樓
　　　　　電話：02-2923-1455／傳眞：02-2923-1452
網　　址　http://www.huamulan.tw 信箱 hml810518@gmail.com
印　　刷　普羅文化出版廣告事業
封面設計　劉開工作室
初　　版　2015 年 3 月
定　　價　二一編 27 冊（精裝）台幣 50,000 元

古存則道存
——晚清存古學堂學人的學術思想與經世的追求

黃琬柔　著

作者簡介

黃琬柔，高雄人，東吳大學歷史學系學士、東吳大學歷史學系碩士，現為國立臺灣大學歷史學系博士生。本書為其碩士論文。

提　要

　　存古學堂在清末首由張之洞所倡設，嗣後各省紛紛成立，是為清末專以學習中學為主的學堂之一。關於存古學堂的討論並不多見，任教其中者更是在當代既不特別顯赫，日後的研究者也相對忽略之學者。深究其因，與存古學堂翼護中學，政治立場亦與清廷相一致不無關係。本論文正是聚焦於存古學堂中任教的學人群體，如曹元弼、王仁俊、張爾田與楊壽昌等人，這些被排出新學話語權之外的所謂守舊人士，其實自有其一套面對世局的價值觀與經世的方法。討論這些過去較少關注的學人思想，也許更能豐富中國近代思想學術的樣貌。本論文冀圖討論他們是如何在清末種種世局變化中，援用傳統思想資源以求經世之道？在這樣的時代背景下，他們又何以如此堅持中學仍具有其價值，並且致力維護之？而存古學堂學人的學說思想，在當時又具有什麼獨特性的意義？

　　本論文以清末各類報紙、存古學堂學人著作及清廷官方檔案，首先討論存古學堂成立的動機與背景，並概述其辦理情形。此後則聚焦至張爾田與孫德謙合著之《新學商兌》，剖析其中關於中國經典解讀上的學術批評，與張、孫二人批評背後對中西學的看法。最後則藉由清末盛行一時的西學源出中國說，與具體的主權、議會、立憲等清末出現的新議題，探究存古學堂學人如何援用經典來面對這些新思潮，又遭遇到什麼困境與限制。本文在討論上述議題的同時，並兼及其他言論立場相異的學者如康有為、梁啟超與章太炎等人，以見清末思想學說發展中，存古學堂的特殊之處。

目

次

第一章　緒　論

蓋國於天地，必有與天地俱起者，以生養保衛其國之仁於永久不敝。
仁義聖知引申擴充，保世滋大，雖歷萬變，罔敢失墜，是之謂古。
古存則道存，道存則國存，國存則民存；反是則道亡而人心死，國
不可問，分崩散亂，他族吞之。男爲人臣，女爲人妾；我爲魚肉，
人爲刀俎。直題橫目之民，其肉將爲萬牛臠炙，其血將爲萬寶行酒。
至是而始呼天呼父母，椎心泣血，自悔其逆亂謬妄，不早激發天良
以保國而自保，嗟何及矣！存古者，所以存道也，所以存國也，所
以存民也。〔註1〕

——曹元弼

晚清時清廷面對著諸多的內憂外患，在政治與軍事上一再受到挫敗，要
形容此時清廷所面臨到的世變，最廣爲人知的應該是李鴻章（1823～1901）
所說的：「三千餘年一大變局」這一句話。〔註2〕感受到同樣的危機，而對晚
清世局變化發出類似形容詞者並不只李鴻章一人，諸如晚清的著名變法思想
家馮桂芬（1809～1874）、外交官曾紀澤（1839～1890）等人，都曾說過類似

〔註1〕曹元弼，〈書張相國奏立湖北存古學堂摺後〉，《復禮堂文集（一）》（臺中：文
　　　聽閣，2008 年），頁 809～810。
〔註2〕李鴻章此言出自同治 11 年 5 月的〈籌議製造輪船未可裁撤摺〉，他說：「臣竊
　　　維歐洲諸國百十年來，由印度而南洋，由南洋而東北，闖入中國邊界腹地，
　　　幾前史之所未載，亙古之所未通，無不款關而求互市。我皇上如天之度，概
　　　與立約通商，以牢寵之合地球，東、西南朔九萬里之遙，骨聚於中國，此三
　　　千餘年一大變局也。」李鴻章，〈籌議製造輪船未可裁撤摺〉，《李鴻章全集（二）》
　　　（長春：時代文藝出版社，1998 年），頁 874。

的言論。〔註3〕只不過清朝末年除了政治與軍事的挫敗外,似乎就連在文化學術上,也面臨同樣的困境,西學的傳入允爲造成此困境的原因之一。

西學之名並不始於晚清,晚明時已可見「西學」一詞的出現,然而西學對中國社會影響劇增乃在晚清之時。隨著西學的傳播,有所謂中西學戰的產生,羅志田即剖析過西學如何在中國一步步取得勝利,並且壓倒中學的過程。隨著尊西崇新的風氣日益興盛,中學既爲西學的對立,中學在時人心中也就愈趨守舊無用,甚至有害於中國。〔註4〕這樣的轉變要到五四才更爲明顯,然晚清實已發先兆。在這個時代背景之下,對傳統學術或思想持同情態度者,常被時人或民國以後的新派學人貶爲「老朽陳腐」,中國的傳統思想如儒家的三綱五常,也被視爲「國渣」而受到抨擊。更遑論是在改朝換代進入民國後,前清政府及清廷官員的言論思想,更被共和人民視爲是維護君主專制、禁錮人民思想的元凶。這似乎使清朝當局及忠於清廷者應對變局的努力,在進入民國以後難以得到較爲公正的認識。

光緒 30 年(1904)由張之洞(1837〜1909)所倡議的存古學堂,正是這樣一所「學術不正確」又「政治不正確」的學校,該學堂所學內容以中國經史舊學爲主,其基本立場亦是尊奉儒家三綱五常等官定意識形態。學堂中的教習往往是「海內有名宿儒」,〔註5〕受朝廷大吏敦聘而往赴存古學堂任教,其價值觀與上述存古學堂的基本立場可說不致相差太遠。正如上面所言,這些士人在清末各種新思潮學說紛歧而出的狀況下,翼護中國傳統舊學的立場往往被時人視爲不合時宜,就連後來研究者也常加以輕忽,以學界目前討論清末新式學堂的研究而言,亦極少關注到存古學堂,〔註6〕此中原因可能即在於存古學堂所學

〔註3〕孫邦華〈西潮衝擊下晚清士大夫的變局觀〉中就整理出了清末許多士人的變局論。孫邦華,〈西潮衝擊下晚清士大夫的變局觀〉,《二十一世紀》65(香港:2001 年),頁 52〜57。

〔註4〕羅志田,〈新的崇拜:西潮衝擊下近代中國思想權勢的轉移〉,《權勢轉移:近代中國的思想、社會與學術》(武漢:湖北人民出版社,1999 年),頁 52。

〔註5〕張之洞就曾表示希望湖北存古學堂能夠「延聘海內名儒以爲師表」,浙江存古學堂在創辦時也擬延聘「績學之士」。張之洞,〈致瑞安孫仲榮主政〉,後收入:苑書義、孫華峰、李秉新主編,《張之洞全集(十一)》卷 269(石家莊:河北大學,1998 年),頁 9670。〈浙江　稟開存古學堂〉,《大公報》,第 2362 號,宣統元年 1 月 28 日,第 2 張第 2〜3 版。

〔註6〕如蘇雲峯《張之洞與湖北教育改革》即未論及存古學堂的建立,謝國楨〈近代書院學校制度變遷考〉亦討論了近代書院在西學影響下進行的改革乃至轉型,卻未論及存古學堂。謝國楨,〈近代書院學校制度變遷考〉,胡適、蔡元

是復古、守舊的，自難與「新式學堂」之列。至於以存古學堂為主題的二手研
究也不是完全沒有，這些研究多半只及於存古學堂的建制與沿革變遷，其中討
論最詳細的要數郭書愚〈存古學堂述略〉這篇博士論文。〔註7〕郭文從《申報》、
《大公報》、各類官報及清朝官方檔案中，梳理出了清末各所存古學堂的籌辦及
規畫的過程，又特別詳論湖北、江蘇與四川這三所存古學堂的規章。郭文相較
其他同樣探討存古學堂建制沿革的文章，更難能可貴的是他蒐集了時人關於存
古學堂的不同意見，並且注意到存古學堂雖是張之洞首倡，各省設立的目的卻
不盡相同，清朝中央對存古學堂的態度也有諸多歧異，可見郭書愚試圖在文中
反映出清末多元互歧的思想面貌。雖然如此，由於郭文對時人圍繞存古學堂的
種種論爭缺乏主題性的評述，使人對存古學堂的特徵與出現的意義難有完整的
了解。再者，郭文對於制度沿革方面雖然所論甚詳，卻未指出存古學堂之制度
章程反映的思想意義，使人難以見在晚清整體的思想與學術氛圍中，存古學堂
究竟佔有何種地位？這所學堂在此時出現的意義為何？

　　當然，張之洞既身為存古學堂的創辦者，後來其他省分設置時亦多參考
張之洞的規畫，可說張之洞主宰了存古學堂章程設計與辦學宗旨，他個人的
想法亦對存古學堂的核心價值影響深遠。關於存古學堂另一種角度的研究，
也常由張之洞切入，由張之洞的教育觀論及存古學堂的創建。在這些研究中，
其中一種觀點是將存古學堂視為守舊的代表，並將張之洞設置存古學堂視為
由新返古的行為。此類觀點的文章可以蔡振生《張之洞教育思想研究》為代
表，蔡振生即認為存古學堂乃是張之洞早年趨新，晚年復歸保守的象徵，非
但課程所學迂腐，此學堂的出現甚至還有礙新式教育的發展。張之洞的努力
不只是違背時勢所趨，也無法挽救中學一去不復返的頹勢。〔註8〕然而類似蔡

　　　　培、王雲五編，《張菊生先生七十生日紀念論文集》（上海：商務印書館，1937
　　　　年），頁281～322。蘇雲峯，《張之洞與湖北教育改革》（臺北：中央研究院近
　　　　代史研究所，1983年）。

〔註7〕郭書愚，〈存古學堂述略〉（成都：四川大學歷史研究所博士論文，2008年）。
　　　　其他相似的二手研究又如康永忠，〈清末存古學堂考述——以湖北存古學堂為
　　　　重點〉（上海：復旦大學歷史研究所碩士論文，2005年）。許金萍，〈清末存古
　　　　學堂的辦理及歷史反思〉（武漢：華中師範大學教育學院碩士論文，2011年）。
　　　　褚承志，〈清末民初山東存古學堂〉，《山東文獻》2：2（臺北：1976年），頁
　　　　45～46。郭書愚，〈清末四川存古學堂述略〉（成都：四川大學碩士論文，2002
　　　　年）。

〔註8〕蔡振生，《張之洞教育思想研究》（瀋陽：遼寧教育出版社，1994年），頁224
　　　　～232。其他相似的二手研究又如馮天瑜，〈張之洞與湖北近代教育〉，《湖北

振生這樣的說法，似乎認為張之洞的思想能夠切割為新與舊兩個涇渭分明的層面，難見張之洞在衡量中學與西學兩者時的矛盾與衝突，而逕直將張之洞判定為「守舊」，更是忽略了張之洞行為背後所反映的時代意義。〔註9〕更進一步而言，蔡振生這種觀點甚且還隱約帶有一種傳統是負面的、阻礙近代化的思維，不禁讓人聯想到柯文（Paul A. Cohen）《在中國發現歷史——中國中心觀在美國的興起》該書所論，他將這種觀點稱為傳統與近代的兩極化，這種研究方式帶有一種強烈的目的論式的預設，即中國一定要走向近代化，在此情況下任何擁有傳統因素之事物皆是負面的。〔註10〕

　　羅志田就對上述類似蔡振生這類的觀點提出了反駁，羅志田認為類似像蔡振生這樣的說法，是受到清末趨新思潮的影響，以政治立場來判斷學術的優劣與否，而過於簡單的對張之洞等類人物下了「保守」的評價。在《國家與學術：清末民初關於「國學」的思想論爭》中，羅志田即考察了張之洞從〈勸學篇〉、〈奏定學務綱要〉與〈創立存古學堂摺〉的連貫性，他認為：存古學堂其實是張之洞長期以來「中體西用」觀點的延伸，由張之洞思想脈絡看來，存古學堂的設立是相當自然的發展，這是由於存古學堂乃是張之洞「專門教育」的其中一種，張之洞用專門教育以學習中學，是希望在講求西學的時候不忘中學，並維持中學的主要地位，是故存古學堂並不會妨礙其他新教育的推行。〔註11〕

　　由前述蔡振生或羅志田之研究，已可見清末西學進入的背景在存古學堂

大學學報（哲學社會科學版）》3（武漢：1984年），頁73。持類似論點的還有如關曉紅，《晚清學部研究》（廣州：廣東教育出版社，2000年），頁219。桑兵，《晚清學堂學生與社會變遷》（桂林：廣西師範大學出版社，2007年），頁210。鄭和兵、王森，〈淺析張之洞創辦存古學堂之緣由〉，《傳承》26（南寧：2011年），頁72～73+85。

〔註9〕蔡志榮、王瑜〈從經心書院到存古學堂：張之洞的書院觀之嬗變〉曾討論張之洞歷來的教育觀發展，該文認為這段歷程反映了張之洞從經世致用─西學中用─中體西用的思想演進，並認為書院改制是銜接書院與學堂重要的階段。可是此文最後仍將存古學堂視為張之洞回歸傳統的象徵，並未論及存古學堂與前述書院間的連續性，殊為可惜。蔡志榮、王瑜，〈從經心書院到存古學堂：張之洞的書院觀之嬗變〉，《商丘師範學院學報》24：1（商丘：2008年），頁51～53。

〔註10〕柯文著，林同奇譯，《在中國發現歷史——中國中心觀在美國的興起》（臺北：稻香，1991年），頁69～126。

〔註11〕羅志田，《國家與學術：清末民初關於「國學」的思想論爭》（北京：生活・讀書・新知三聯書店，2003年），頁107～109。

的設立上占有關鍵地位，劉龍心在《學術與制度——學科體制與現代中國史學的建立》中，即對西學輸入的背景如何影響存古學堂有所申論。劉龍心認為在清末教育發展中具關鍵位置的「中體西用」觀點，使清朝政府能夠引進致用之西學，並將之作為補中學不足的角色，以維護中學本體的位置。但是當西學因其能夠「致用」之故，被吸納進官方的學堂章程制度中時，不論中學的本體如何被強調，中學的空間仍受到壓縮，更引發中學有可能因而式微的恐懼。張之洞在擬定〈奏定學堂章程〉時，特意在大學堂中成立經學科，便是基於此種維護中學之體的心理，他設立存古學堂亦是如此。是故，劉龍心就指出大學堂的經學科所學，其實與存古學堂的所學內容相差無幾，這正顯示了張之洞等清廷大吏一方面不得不引進西學，卻又對引進西學之後中學遭到排擠的結果感到不安。這可說是存古學堂成立背後最主要的原因，實際上也是本緒論始即所引曹元弼之言的背景。〔註 12〕本文所討論的議題，亦皆處於此脈絡下。

　　對這些在西風東漸時仍強調中學固有其價值，並且與清朝當局立場一致（最起碼是不違背）的學人，若對他們撇去「守舊頑固派」的認知，這些學人其實自有一套權衡中西學的想法，試圖在西學大舉入侵時，建立自己的會通中西之道；並在時局日益艱危下，提出一套經世的方策。實際上中國傳統學術本來就是中國士人固有的思想資源，當面臨世變危機時，中國士人首先就是從思想資源尋求應對的方式。這正如葛兆光所說的：「在古代中國相當長的時間裡，儒家的經典是讀書人最熟悉的文本，儒家的經學是讀書人最熟練的關於所有知識、思想和信仰的詮釋方式。如果用『翻譯』作為『轉化』的隱喻，來比擬舊學與新知之間的傳遞、詮釋和理解關係的話，古代中國讀書人大凡遇到不可理解的新知，最容易翻撿出來的就是這種經由童年的閱讀、成年後的考試在心靈中建構起來的一套知識，來想像和重構那些不熟悉的新知識，藉助這些早已理解的舊觀念，來解釋很難理解的新觀念，而且，還經由這樣一些傳統資源的詮釋，來平息遭遇新知識新思想時的心靈震撼。」〔註 13〕問題在於，何以這些存古學堂的學人們仍然堅持中學是有價值的？中

〔註 12〕 劉龍心，《學術與制度——學科體制與現代中國史學的建立》（臺北：遠流出版公司，2002 年），頁 41～70。

〔註 13〕 葛兆光，〈應對變局的經學——晚清對中國古典的重新詮釋（一）〉，《中華文史論叢》第 64 輯（上海：上海古籍出版社，2000 年），頁 1～2。

國固有的學術綱常倫理在他們眼中究竟具有什麼經世的作用？他們又是如
何因應及面對日漸強大的西學？這是本篇論文所要討論的第一個問題。

值得注意的是，在清末意圖援用傳統學術以經世者並不只是存古學堂的
士人而已，孫青在〈作爲表達方式的《周禮》：清末變局與中國傳統典籍〉中
就討論了在清廷下詔變法後，張之洞與孫詒讓（1848～1908）如何一方面援
用《周禮》這一古文經典籍，作爲變法改革的依據，但又必須自別於同樣援
用《周禮》以爲變法張目的康有爲（1858～1927）、梁啓超（1873～1929）等
維新黨人。孫青認爲，張之洞、孫詒讓與康有爲三者，其實同樣都是在意圖
會通中西、權衡新舊的目的下來解讀《周禮》，而且張之洞將《周禮》進行工
具化的解讀方式，其實與追求微言大義的康梁並無什麼不同。關鍵只是在於：
誰能在解讀經典時，一方面消除中西新故之壁壘，更多更廣泛的從傳統中找
到理論支持改革，一方面占據輿論上的主動權。〔註14〕換句話說，存古學堂
學人在援用中國固有學術以作爲會通中西的思想資源時，同樣面臨與上述張
之洞在詮釋《周禮》時類似的狀況。孫春在便認爲從龔自珍（1792～1841）、
魏源（1794～1857）開始，乃至後來的康有爲、廖平（1852～1932）等人，
他們運用《公羊》思想體系來回應清朝內部與外部的挑戰，可說是傳統知識
分子以傳統思維模式，對西方作的最後一次也最猛烈的回應。〔註15〕是故，
康有爲與梁啓超等維新黨人難道就不是援用中國固有學術經典來經世嗎？存
古學堂諸學人又與他們有何差別？

前述羅志田的研究也試圖將存古學堂與同時代的其他學人放在一起討
論，而比較的主要對象則是國粹學派。羅文認爲趨新世風太盛乃是朝野皆出
現保存國粹呼聲的重要因素，羅志田說：「如果考慮立說的先後，甚至可以
說國粹學派的主觀客觀說不過是用另一方式表述了張之洞等人的中體西用
論。雖然雙方的主張特別是政治傾向有許多歧異對立之處，在文化立場上卻
都同意在引進西學的同時不能拋棄自我，且應以「自學」爲精神上的主導；
同時他們也都反對盲目抵制西學，主張在實踐層面可以而且必須更側重西
學。」〔註16〕誠然，清朝官方與在野士人在保存國粹的思考上的確是接近的，

〔註14〕 孫青，〈作爲表達方式的《周禮》：清末變局與中國傳統典籍〉，《東アジア文
　　　　化交涉研究》3（大阪：2010年），頁222～224。
〔註15〕 孫春在，《清末的公羊思想》（臺北：臺灣商務印書館，1985年），頁1～3。
〔註16〕 羅志田，《國家與學術：清季民初關於「國學」的思想論爭》，頁111。

羅志田表示他認爲既存研究對朝野間的對立強調太過，而相對忽視朝野相近相通之處，這也許是他特別強調官方與在野士人相同之處的原因。〔註17〕鄭師渠在討論國粹學派的著作中，也說國粹學派是以保存國粹爲宗旨，並以醉心歐化、蔑棄中國傳統文化者爲抨擊的對象，這樣的觀點的確與存古學堂的基本立場若合符節。〔註18〕故本文亦試圖釐清存古學堂學人與國粹學派的區隔何在？存古學堂學人相較於康梁、國粹學派甚或其他類似觀點的同時代學者，其學說究竟有何特殊之處？他們在清末的思想或學術發展上究竟具有什麼樣的意義與地位？這是本文要討論的第二個問題。

　　本文在章節安排上，除去第一章緒論與第五章結論，共分爲三個章節，第二章存古學堂的創設與建置，討論存古學堂設立之前張之洞教育觀的發展，追溯張之洞設立存古學堂與章程規畫的思想淵源。接著簡介存古學堂的發展概況、師資與停辦。由於存古學堂的建制沿革前人已所論甚詳，故本文只使用表格式的概要介紹，也利於掌握存古學堂的發展輪廓。最後，則藉由張之洞與部分存古學堂教習的言論，探討他們保存國粹的原因何在，以及如何利用中國經史之學達到經世的目的。

　　第三章將聚焦在江蘇存古學堂教習張爾田（1874～1945）與孫德謙（1869～1935）二人合著的《新學商兌》上，以此書爲本章主軸，討論意圖以今文學與諸子學經世的張爾田與孫德謙二人，對於康有爲與梁啓超二人援用今文經之《公羊》與孟荀二子學說做爲變法改革的依據，有何批評與駁斥，批評的主要癥結又在哪；而張爾田與孫德謙二人的學術立場與觀點，又與清末同樣批評康梁二人的其他學人有何不同。

　　第四章將以王仁俊（1866～1913）、楊壽昌（1838～1938）、馬貞榆（？～1914）等幾位存古學堂學人爲討論對象，首先討論他們是如何使用「西學源出中國說」這樣一種思想體系，援用中國傳統的典籍以作爲接引西學的依據，他們的西學源出中國說又各自具有什麼樣的特徵。另一方面，清末所引

〔註17〕羅志田，《國家與學術：清季民初關於「國學」的思想論爭》，頁139。
〔註18〕但若如鄭師渠說的：「以張之洞爲首的清朝大吏雖然侈談保存國粹，卻不足稱國粹派。……張之洞等清朝大吏談國粹，無非是將尊孔讀經、封建的綱常名教均冠以國粹，藉此阻遏新學，排拒革命而已。」又將張之洞等人視爲政治上的「反動派」，無非是陷入前述柯文所批評的「傳統—近代」研究方式的窠臼而已，故本文亦不採取這樣的看法，而是冀圖釐清「張之洞等清朝大吏」保存國粹背後的動機與目的，與國粹學派究竟有何不同。鄭師渠，《晚清國粹派：文化思想研究》（北京：北京師範大學出版社，2000年），頁7～8。

進的西學已有越來越多與儒家綱常倫理相違背的學說，種種民主、自由、平等之說甚囂塵上，甚至到了清末，朝廷亦不得不開始行立憲、建立議會制度，故本章亦試圖討論這些人如何設法因應甚至是提出解釋。而當他們力圖尋求傳統資源因應這些新學說的時候，又對西學以及中國傳統典籍本身造成什麼影響，這是本章另一個要討論的目標。

目前學界關於存古學堂的研究其實並不算多，原因之一在於存古學堂的相關史料甚為稀少，其中章程制度算是留存較多並較易取得的史料，惟其實際運作狀況除了中國出版的《文史資料》中有過幾篇回憶錄，〔註19〕其他幾乎沒有什麼記載遺留。當然，這與存古學堂存在的時間為時過短也不無關係。列名其中的教習，如王仁俊、張爾田、孫德謙之輩還算是較為人所熟知的，但大部分的教習如楊壽昌、傅守謙（生卒年不詳）等人，幾乎找不到他們的生平相關記載，只留下為數不多的學術著作可供後人研究。存古學堂畢業的學生更是難覓其蹤，個人曾經翻閱過存古學堂所在地的地方志，或者如《中國文化界人物總鑑》這樣的名錄，在其中尋找是否有畢業學生的相關資料，但是卻一無所獲，可見從畢業學生著手研究亦有其障礙。故本文只能藉助存古學堂教習的著作，以窺存古學堂學人思想的一角，這是本研究在史料方面的困難所在。

本文研究時的另外一個困難之處在於：存古學堂學人實際上是一個較為鬆散的群體，正如本章一開始所述，他們大體上仍然相信中國傳統學術有其固有價值，並能夠用以經世，其政治立場則基本不與清朝政府相違背。但是他們並沒有如《國粹學報》這樣一個共同發表論著，並且將具有同樣學術觀點的人凝聚在一起的地方，甚至可以說，他們的學術觀點也是互有歧異的。故本文並不強使這些學人的學說彼此相吻合，而是同自同、異自異，最後再加以比較評述，如此方能在一個時代的整體思想氛圍下，兼顧其中的多元面貌。

〔註19〕 如羅燦，〈關於湖北存古學堂的回憶〉，中國人民政治協商會議湖北省委員會文史資料研究委員會編，《湖北文史資料》8（武漢：湖北人民出版社，1983年），頁51～56。何域凡，〈存古學堂嬗變記〉，四川省政協文史資料委員會編，《四川文史資料集粹》4（成都：四川人民出版社，1996年），頁417～428。韓定山，〈我所親歷的甘肅存古學堂〉，後收入：朱有瓛主編，《中國近代學制史料》，第2輯下冊（上海：華東師範大學出版社，1983年），頁519～523。

第二章　存古學堂的創設與建置

　　光緒 33 年張之洞奏呈〈創立存古學堂摺〉後，各省存古學堂紛紛建立，如江蘇、湖南、廣州等皆設有存古學堂，故張之洞實可說是清末多所存古學堂的發起人。本章擬從張之洞的教育觀著手，討論張之洞設立存古學堂的原因、存古學堂的設立目標，以及存古學堂中的任教者對存古學堂的期待，從而獲悉存古學堂此一學術機構在清末出現，究竟具有什麼樣的時代意義？而存古學堂諸人所關心的是什麼？他們又是如何申論其經世的企圖？

第一節　以學堂存中學：張之洞的教育觀與存古學堂的設立

　　張之洞在〈創立存古學堂摺〉中，闡述了他的「溫故知新」、「保存國粹」兩個主要觀點，[註 1] 這兩點固然是他設立存古學堂最大的理由，也因此存古學堂常被時人冠上「保守」之名，象徵著張之洞晚年的復歸守舊。[註 2] 惟張之洞在摺中似乎對存古學堂寄予厚望，期待此學堂能夠振衰起弊，挽救世局，就代表張之洞絕非僅只企望抱殘守缺，保守舊學而已。尤其值得玩味的是張之洞在此摺中陳述的某些想法，在外在形式上，張之洞強調存古學堂雖然課程與其他學堂稍異，但「與舊日書院積習絕不相同」[註 3]，以此希

〔註 1〕羅志田對這兩個觀點皆有詳細的分析，見羅志田，《國家與學術：清末民初關於「國學」的思想論爭》，頁 107～118。

〔註 2〕佚名，〈張文襄公與教育之關係〉，《教育雜誌》1：10（臺北：臺灣商務印書館，1975 年），頁 878。〈對於張相國死後之論定〉，《大公報》2592 號，宣統元年 8 月 24 日，第 4 版。

〔註 3〕張之洞，〈創立存古學堂摺〉，潘懋元、劉海峰編，《中國近代教育史資料匯編：

望能與其他一樣以保存國粹爲目的的學堂切割得一乾二淨。〔註4〕實際上存古學堂可說是張之洞晚年最爲重視的教育措施之一，又於制定癸卯學制前後所倡建，張之洞長年以來的教育理念必然會在存古學堂中體現，不應因此學堂所習爲中學即加以忽略。

張之洞在早年仕宦時便極爲留心發展教育，他最早設立的書院是在同治8年（1869）任湖北學政時，與時任湖廣總督兼湖北巡撫的李鴻章共同創設經心書院。爾後又創設了尊經書院、令德書院、廣雅書院與兩湖書院等多所書院，〔註5〕兩湖書院設立於光緒17年（1891），即爲張之洞最後設立的一所書院（本文將書院與學堂視爲兩種不同的教育體系，故此處純粹指稱名爲「書院」者）。上述幾所書院是張之洞創建的書院中較著名者，其共通點是皆仿阮元（1764～1849）的詁經精舍與學海堂，專課經古而不課時文。〔註6〕

在創設書院的同時期，張之洞也創立新式學堂學習洋務，一般認爲張之洞是在光緒7年（1881）外放山西巡撫後，體會到了洋務的重要性。撫晉期間張之洞極爲關注邊防海防事宜，中法間圍繞著中國藩屬國越南的爭端亦日漸擴大，這也許是使張之洞更積極尋求富強之道的原因，惟促使張之洞將目光放向以洋務作爲改革之方的，應是受到傳教士李提摩太（Timothy Richard, 1845～1919）的影響。李提摩太爲當時積極幫助中國改革的傳教士之一，張之洞諸多西學知識皆源於李提摩太，多項新政的籌辦亦參考李提摩太的意見。〔註7〕故張之洞在光緒10年（1884）便於山西設立洋務局，希望「延訪習知西事通達體用諸人，舉凡天文、算學、水法、地輿、格物、制器、公法、條約、語言、文字、兵械、船炮、礦學、電汽諸端，但有涉於洋務，一律廣募」，〔註8〕以供張之洞在山西推廣洋務的需要。

　　　高等教育》（上海：上海教育出版社，1993年），頁233。
〔註4〕張之洞，〈創立存古學堂摺〉，頁235。
〔註5〕從簡放湖北學政後到創設兩湖書院這段期間，張之洞不只是創設書院，同時也整頓、修建舊有的書院，如四川錦江書院、學海堂等。許同莘編，《張文襄公年譜》（北京：北京圖書館出版社，2006年），頁37、85。
〔註6〕許同莘編，《張文襄公年譜》，頁38、60。劉禺生《世載堂雜憶》中亦言張之洞因爲欣羨阮元學海堂的制度，因此兩湖書院與廣雅書院皆不設山長，只設各門學長。劉禺生，〈張之洞罷除賓師〉，《世載堂雜憶》（北京：中華書局，1997年），頁49。
〔註7〕蘇雲峯，《張之洞與湖北教育改革》，頁22。
〔註8〕張之洞，〈札司局設局講習洋務〉，後收入：苑書義、孫華峰、李秉新主編，《張之洞全集（四）》卷89（石家莊：河北大學，1998年），頁2399。

　　及至光緒 10 年 7 月，清廷爲中法戰爭事，調派張之洞爲兩廣總督。海戰
在此戰役中的重要性甚且超過陸戰，爲此張之洞更加重視洋務（尤其是海防）
的重要性。張之洞籌議海防的第一步就是儲人才，故張之洞試圖參考北洋、
福建水師學堂章程，改廣州原有之實學館爲水陸師學堂，〔註9〕於光緒 13 年
（1874）正式開辦。同年又基於兩廣電線鋪設區域漸廣，而開辦廣州電報學
堂。〔註10〕這兩所學堂即是張之洞最早設立的洋務學堂。在張之洞籌辦教育
的早期，在書院與學堂的學習內容上仍有區隔，總之是書院學中學，學堂學
西學，兩者並而存之。

　　然而就如同清末許多士人在甲午戰爭之後，有感於中國竟然敗給日本這
等「蕞爾小國」，而受到強烈的震撼一般，〔註11〕光緒 21 年（1895）馬關條
約的簽訂，對張之洞也造成極大的衝擊。曾任職於張之洞幕府二十餘年的辜
鴻銘（1857～1928）就說甲午後張之洞宗旨一變，張認爲「非效西法圖富強
無以保中國，無以保中國即無以保名教」，〔註12〕是故此後張之洞乃以變法圖
強爲要事。光緒 22 年（1896）結束暫署兩江總督的張之洞，回到其湖廣總督
本任，並在其轄區大力推行新教育。根據張之洞本人的敘述，他在甲午戰後
即於湖北創立多所學堂，除去文武學堂，尚有農工商實業、鐵路、方言甚至
女子等各種學堂。〔註13〕

　　設置新式學堂是張之洞過去就曾嘗試的變法圖強之舉，到了甲午戰後張之
洞對舊存書院亦著手進行改革，主要目標則轉而針對書院的課程。實際上基於
經世的需求，書院在清末掀起了一波改革，張之洞並不是最早，也不是唯一改
革書院的人。〔註14〕比張之洞的改革更早之前，味經書院在光緒 11 年（1885）

〔註 9〕　張之洞，〈籌議海防要策摺〉，後收入：苑書義、孫華峰、李秉新主編，《張之
　　　　　洞全集（一）》卷 11（石家莊：河北大學，1998 年），頁 307～308。

〔註 10〕　許同莘編，《張文襄公年譜》，頁 85。

〔註 11〕　張元濟就說：「五十多年前，因爲朝鮮的事件，中國和日本開戰，這就是甲午
　　　　　中日戰爭。結果我們被日本打敗，大家從睡夢裏醒過來，覺得不能不改革了。」
　　　　　張元濟，〈戊戌政變的回憶〉，中國史學會編，《戊戌變法》（四）（上海：上海
　　　　　書店出版社：2000 年），頁 322。康有爲的公車上書亦是發生於甲午戰爭之後。

〔註 12〕　辜鴻銘，〈清流黨〉，《辜鴻銘文集》（長沙：岳麓書社，1985 年），頁 8。

〔註 13〕　張之洞，〈抱冰堂弟子記〉，後收入：苑書義、孫華峰、李秉新主編，《張之洞
　　　　　全集（十二）》卷 298（石家莊：河北大學，1998 年），頁 10623。

〔註 14〕　關於此時書院改革的內容可參考鄧洪波《中國書院史》。總理衙門在議覆李端
　　　　　棻〈奏請推廣學校以勵人才摺〉的摺中亦聲稱：近日「外間各省書院亦多有
　　　　　斟酌時宜，於肄業經古以外，增加算學、製造諸課者」。鄧洪波，《中國書院

時已經建立了「時務齋」，欲於其中溝通中西學。光緒 23 年（1897）落成的崇實書院，非但已於學堂中學習格致、英文與製造等學，還在書院內設立「製造」的實習區，頗可見得書院添加西學課程以應世變的情況。〔註15〕與上述書院的改革類似，張之洞亦擬定改革經心書院的方針爲「采西學之長，以中學爲根柢，擴充舊規，甄拔眞材。……學院改定新章，固須講明中學，兼須考求時務。」〔註16〕張之洞將時務課程加入書院中，充分表明了他冀望書院學生亦能學習經世時務的心理。這種想法很快的落實在他對兩湖與經心兩書院實際課程的更改上，細查張之洞更定的兩湖書院與經心書院科目，兩湖書院分爲經學、史學、地輿學、算學四門，圖學附在地輿學下，時務的成分尚不見得太深。然而經心書院是改爲外政、天文、格致、製造四門，學生皆須兼習算學，〔註17〕其中的外政、格致、製造及算學，都可稱爲時務之學，相較於以往經心書院只學習經史之學的課程，〔註18〕其改動的幅度可見一斑。經心書院的課程改革頗成爲張之洞改革其他書院的典範，一些原課時文之書院亦在張之洞的要求下，率皆改習算學與時務。〔註19〕上述這些改革，使書院所學已不再限於經史時文等學，這很顯然是受到張之洞意圖追求富強的影響。

　　與張之洞開始於書院添設時務課程以改革書院相似，此時他對時務的重視也擴及科舉。張之洞便批評「科目出身者，畢生困於考試，見聞狹隘，精力銷磨，以致未能盡嫻經濟，若洋務、軍務，更難語此。」〔註20〕張之洞這種對科舉的批評，實與當時其他諸多論變法者相彷彿，皆是認爲科舉難以選拔出通洋務以濟時變的人才。較早體會到中國應變法自強的薛福成（1838～

史》（臺北：臺大出版中心，2005 年），頁 729～772。總理各國事務衙門，〈咨北撫院屬咨議覆李端棻奏《請推廣學校以勵人才摺》附單　照錄本衙門原奏〉，後收入：苑書義、孫華峰、李秉新主編，《張之洞全集（五）》卷 121（石家莊：河北大學，1998 年），頁 3320。

〔註15〕鄧洪波，《中國書院史》（上海：東方出版中心，2006 年），頁 569～570。

〔註16〕張之洞，〈札委黃國瑾監修經心書院工程〉，後收入：苑書義、孫華峰、李秉新主編，《張之洞全集（五）》卷 128，頁 3512。

〔註17〕張之洞，〈兩湖經心兩書院改照學堂辦法摺〉，後收入：苑書義、孫華峰、李秉新主編，《張之洞全集（二）》卷 47（石家莊：河北大學，1998 年），頁 1299。

〔註18〕許同莘編，《張文襄公年譜》，頁 33。

〔註19〕張之洞，〈致總署〉，後收入：苑書義、孫華峰、李秉新主編，《張之洞全集（三）》卷 80（石家莊：河北大學，1998 年），頁 2131～2132。

〔註20〕張之洞，〈籲請修備儲才摺〉，後收入：苑書義、孫華峰、李秉新主編，《張之洞全集（二）》卷 37，頁 1000。

1894），早在光緒元年（1875）就批評中國士大夫鄙夷洋務，一旦面臨事變時便無所適從，因此建議科舉增開舉薦一途，作爲薦舉通達洋務者之管道。〔註21〕梁啓超在戊戌之前寫作的〈變法通議〉中，也建議將西學時務等添入科舉試題內，以改革科舉。〔註22〕提出改革的尙不只是在野人士，嚴修（1860～1929）在光緒 23 年（1897）時提出了設經濟特科的建言，甚至使清廷一度同意經濟特科的實施，代表清廷對科舉改革問題的正視。〔註23〕此一時期之所以引致諸多時人改革科舉的聲浪，力圖尋求國家富強可說是最根本的原因之一。然而張之洞此時尙未對科舉改革有具體的規畫，直到戊戌期間《勸學篇》的寫作，他對科舉改制才有較詳細的討論。

　　正因張之洞批評科舉出身者難言經濟，他在《勸學篇》中對科舉的的改革，亦是企圖將時務加入科舉中。他建議科舉應改試三場，第一場試中學經濟，內容爲中國史事與本朝政治論；第二場考時務，內容以各國之政及西方專門藝學等西學經濟爲主，其中西政包含各國地理、官制、學校、財賦、兵制、商務，西藝則有格致、製造、聲、光、化、電；第三場考《四書》文兩篇，《五經》文一篇。〔註24〕張之洞並強調三場皆同等重要，只是側重點有別。〔註25〕以下再來看同樣在《勸學篇》中，張之洞對學堂的規畫，張之洞認爲學堂的科目設置應以新舊兼學與政藝兼學此二項爲標的，〔註26〕其中舊學爲四書、五經、中國史事、政書與地圖等科目，新學則包含西政、西

〔註21〕 薛福成，〈應詔陳言疏〉，《籌洋芻議——薛福成集》（瀋陽：遼寧人民出版社，1994 年），頁 42～43。

〔註22〕 梁啓超，〈變法通議・論科舉〉，《飲冰室合集（一）》（北京：中華書局，2008 年），頁 28。

〔註23〕 嚴修，〈奏請設經濟專科摺〉，後收入：中國近代教育史資料匯編編輯委員會編，《中國近代教育史資料匯編：戊戌時期教育》（上海：上海教育出版社，2007 年），頁 53～56。總理衙門、禮部，〈遵議開設經濟特科摺〉，後收入：中國近代教育史資料匯編編輯委員會編，《中國近代教育史資料匯編：戊戌時期教育》，頁 56～58。

〔註24〕 張之洞，《勸學篇・變科舉第八》（臺北：文海出版社，1967 年），頁 126～128。

〔註25〕 張之洞對三場考試各別的期待如下：「其三場可觀而中式者，必其宗法聖賢、見理純正者也。大抵首場先取博學，二場於博學中求通才，三場於通才中求純正。先博後約，先粗後精，既無迂暗庸陋之才，亦無偏駁狂妄之弊。三場各有取義，較之偏重首場，所得多矣。」張之洞，《勸學篇・變科舉第八》，頁 126～128。

〔註26〕 另外四項爲宜教少年、不課時文、不令爭利與師不苛求。張之洞，《勸學篇・設學第三》，頁 96～99。

藝與西史。西政之下又包含學校、地理、度支、賦稅、武備、律例、勸工、
通商等學,西藝則爲算、繪、礦、醫、聲、光、化、電之類。〔註27〕張之
洞並且不忘強調新舊學這兩者的關係應是「舊學爲體,新學爲用,不使偏
廢」。〔註28〕學堂這種中西兼具的設科方式,簡直與上述科舉所試科目如出
一轍,可見張之洞在《勸學篇》中對學堂與科舉的規畫上,乃具有一以貫之
的觀點。

　　張之洞在《勸學篇》中科舉與學堂相仿的科目規畫自有其緣由,張之洞
認爲科舉在鑑別篤守正道的人才上仍具效力,倘使由科舉以外的管道取才,
或許會有偏離正道的隱憂。〔註29〕在張之洞看來,科舉能夠保有「體」,〔註
30〕經濟特科與學堂則具有「用」,故此張之洞提出了「合科舉、經濟、學堂
爲一事」的辦法,〔註31〕希望將時務經濟納入科舉考試科目中,以求得體用
兼備之才。實則張之洞最初在建設新式學堂時,雖是以學習西學等時務爲
主,然亦要求學生讀四書五經以「端正本根」,〔註 32〕可知張之洞從設學堂
之初便未忽略正本的重要性,故他並未因重視時務之學,便忽略了中學基本
的經學與綱常道德。

　　此時張之洞既認爲科舉在維持中學之「體」上仍具有學堂無法比擬的功
能,張之洞亦不時透露出「以體爲先」的想法,〔註33〕因此張之洞仍以科舉
爲主要的掄才管道,希望改革後的科舉取才能「博之以經濟,約之以道德」,

〔註27〕　張之洞,《勸學篇・設學第三》,頁 96～99。

〔註28〕　張之洞,《勸學篇・設學第三》,頁 96～99。

〔註29〕　張之洞,〈妥議科舉新章摺〉,後收入:苑書義、孫華峰、李秉新主編,《張之
　　　　　洞全集（二）》卷 48,頁 1305～1306。

〔註30〕　張之洞亦曾表明:「且即以舊制三場之法言之,雖不能兼西學,固足以通中學,
　　　　　咎在主司偏重,士人剽竊,非盡法之弊也。」他認爲科舉舊式的考試方式在
　　　　　學習中學上,還是具有某種程度的效果,只是日後人爲的流弊過深。張之洞,
　　　　　《勸學篇・益智第一》,頁 87～88。

〔註31〕　更早提出此想法的梁啓超,在〈變法通議・論科舉〉中即以「合科舉於學校」
　　　　　爲興學校、育人才、變科舉的上策,如此一來士人方可「教而後用」。梁啓超,
　　　　　〈變法通議・論科舉〉,頁 27～28。

〔註32〕　張之洞,〈創辦水陸師學堂摺〉,後收入:苑書義、孫華峰、李秉新主編,《張
　　　　　之洞全集（一）》卷 21,頁 575。

〔註33〕　如張之洞在《勸學篇・序言》中就說「講西學必先通中學」,在〈變科舉第八〉
　　　　　中規畫科舉第二場改試時務策時,也強調「雖解西法,而支離狂怪顯悖聖教
　　　　　者,斥不取。」張之洞,《勸學篇・序言》頁 5。張之洞,《勸學篇・變科舉第
　　　　　八》,頁 126～127。

使「學堂有登進之路，科目無無用之人，時務無悖道之患」，〔註34〕聖賢義理的重要性始終是張之洞再三強調不能或忘的。同樣在戊戌時期奏呈的〈妥議科舉新章摺〉中，張之洞一開頭便強調廢八股〔註35〕之主因是在於八股不能闡發聖賢義理，〔註36〕絕非意圖廢除四書五經。張之洞且提出正名、定題、正體、徵實與閑邪等五項必須注意之處，呼籲廢八股後雖然改試策論，策論所考之題也必須以四書五經義爲主，任何離經叛道之言皆不得摻入，清眞雅正的衡文標準亦不可改變。〔註37〕這種強調四書五經爲根柢的標準也適用於書院考課內容，科舉改試策論後，以準備科舉考試爲主的書院考課亦隨之更易，故張之洞就指示各書院的策論題不可缺少四書五經題，而時務與中外經濟等試題絕不可摻入有違聖道之言。〔註38〕總結上述張之洞對科舉、學堂與書院的改革，張之洞強調學堂與科舉所學應體用兼備，而書院應添入時務課程，可說皆是延續張之洞一貫的思維。〔註39〕

只是張之洞上述關於學堂與科舉的藍圖尙未實際落實，便因戊戌政變之起而嘎然落幕，同時戊戌變法時的種種改革亦一概在慈禧（1835～1908）的懿旨下恢復原樣。〔註40〕政變後朝臣多不敢輕言改革，〔註41〕直至庚子事變，兩宮西狩，慈禧於光緒26年（1900）12月以光緒的名義下詔變法，〔註42〕方

<hr>

〔註34〕張之洞，〈妥議科舉新章摺〉，頁1309。

〔註35〕光緒24年5月光緒詔令廢除八股時文。上諭，〈自下科爲始，鄉會試及生童歲科各試，向用四書文者，一律改試策論〉，中國近代教育史資料匯編編輯委員會編，《中國近代教育史資料匯編：戊戌時期教育》，頁76。

〔註36〕張之洞就在《勸學篇》中抱怨當時的士人「所解者，高頭講章之理，所讀者，坊選程墨之文，於本經之義，先儒之說，概乎未有所知」，即在抨擊當時的士人只讀時文，而不讀聖賢經說的現象。張之洞，《勸學篇・變科舉第八》，頁123。

〔註37〕張之洞，〈妥議科舉新章摺〉，頁1304～1305。

〔註38〕張之洞，〈札南、北藩司等各書院改試策論預防流弊〉，後收入：苑書義、孫華峰、李秉新主編，《張之洞全集（五）》卷131，頁3634～3635。

〔註39〕康有爲亦希望能夠合科舉正科與經濟特科，兩者皆試策論，論考經義與國朝掌故，策則考時務與專門之學，從而「泯中西之界限，化新舊之門戶，庶體用並舉，人多通才。」康有爲，〈奏請經濟歲舉歸併正科並各省歲科試迅即改試策論摺——代宋伯魯擬〉，中國近代教育史資料匯編編輯委員會編，《中國近代教育史資料匯編：戊戌時期教育》，頁60。

〔註40〕慈禧，〈申明舊制懿旨〉，後收入：陳谷嘉、鄭洪波主編，《中國書院史資料（下冊）》（杭州：浙江教育，1998年），頁2486。

〔註41〕劉禺生，〈守舊維新兩派之爭〉，《世載堂雜憶》，頁108。

〔註42〕〈下詔變法〉，後收入：璩鑫圭、唐良炎編，《中國近代教育史資料匯編：學

才開始新一波的革新。慈禧下變法詔後，張之洞除了忙於會同慶親王奕劻
（1838～1917）與各國商議和約事宜，一面與劉坤一（1830～1902）及其他
各省督撫函電往來，討論變法之事。〔註43〕此後在光緒27年（1901）5月，
張之洞與劉坤一聯銜上奏了「江楚會奏變法三摺」中的第一摺〈變通政治人
才爲先遵旨籌議摺〉，此摺論及教育改革最爲詳細。〔註44〕

　　張之洞在摺中所議關於教育的改革，可說大體延續自《勸學篇》。〔註45〕
早在戊戌時期張之洞寫的《勸學篇》中，他就已提出規劃學制的構想，〔註46〕
很難明確斷定張之洞關於學堂學制的規畫是受何人影響，不過可以知道的是
在清廷官員中，李端棻（1833～1907）在戊戌變法時也上摺倡議建立府州縣
三級學堂的制度，〔註47〕時間比張之洞要早一些。在野人士對學制的改革規
劃，則又比官方言論早上許多，鄭觀應（1842～1921）在光緒18年（1892）
以前寫就的〈學校〉中，就已介紹過德國與日本大、中、小學的學校制度，
建議中國可仿行。〔註48〕這些都顯示了西式的學校制度在清末受到不少引
介，張之洞的想法亦是根源於此背景。〔註49〕在〈變通政治人才爲先遵旨籌
議摺〉中，張之洞亦且舉了德國與日本變法興學爲例，他指出德日二國之能
夠強盛，即在於此二國有詳盡的學校制度，這使張之洞愈發體認到建立學堂
學制的重要，他並且指出設文武學堂乃是育才興學的大端之一。〔註50〕

制演變》（上海：上海教育出版社，1991年），頁2～3。

〔註43〕李細珠〈張之洞與《江楚會奏變法三摺》〉對此三摺上奏的前因後果，以及當
時各省督撫收到慈禧下詔變法後，如何揣摩聖意、彼此互通消息等人事上的
糾葛等皆有詳細的討論。李細珠，〈張之洞與《江楚會奏變法三摺》〉，《歷史
研究》2（北京：2002年），頁42～50。

〔註44〕該摺雖爲張之洞與劉坤一聯銜會奏，然主稿者爲張之洞。李細珠，《張之洞與
清末新政研究》（上海：上海書店出版社，2003年），頁94。

〔註45〕關於《勸學篇》與變法三摺間的思想淵源參見李細珠，〈張之洞與《江楚會奏
變法三摺》〉，頁50～52。

〔註46〕張之洞，《勸學篇·設學第三》，頁93～94。

〔註47〕李端棻，〈咨北撫院屬咨議覆奏《請推廣學校以勵人才摺》附單　照錄刑部左
侍郎李原奏〉，後收入：苑書義、孫華峰、李秉新主編，《張之洞全集（五）》
卷121，頁3322。

〔註48〕鄭觀應，〈學校上〉，《盛世危言——鄭觀應集》（瀋陽：遼寧出版社，1994年），
頁19～21。

〔註49〕更多時人對教育制度的演變可見璩鑫圭、唐良炎編，《中國近代教育史資料匯
編：學制演變》，頁148～196。

〔註50〕張之洞，〈變通政治人才爲先遵旨籌議摺〉，後收入：苑書義、孫華峰、李秉
新主編，《張之洞全集（二）》卷52，頁1395。

張之洞在〈變通政治人才爲先遵旨籌議摺〉中同時指出「現行科舉章程，本是沿襲前明舊制，承平之世，其人才尚足以佐治安民。今日國蹙患深，才乏文敝，若非改弦易轍，何以拯此艱危？」〔註51〕張之洞對科舉的育才成效表露懷疑，這可說是延續自張之洞之前對科舉的批評。惟張之洞又表示：「查科舉爲外人詬病已久，方今時勢艱危，此時欲各省廣興學堂，急儲有用人材，若非變通科舉辦法，稍示歸重學堂之意，各省學堂安得大興？」〔註52〕可以推測學堂既然在世變日亟的時候，因爲能夠培養時務所需人才而受到重視，相對而言難免就壓縮了科舉的生存空間，科舉似乎已不受張之洞的垂青。〔註53〕所謂的「科舉爲外人詬病已久」，也可見得外國輿論的批評，亦是科舉地位下滑的原因之一。書院的遭遇並不比科舉更佳，張之洞在摺中亦批評「今日書院積習過深，假借姓名希圖膏獎，不守規矩，動滋事端」，故只能夠「正其名曰學，乃可鼓舞人心，滌除習氣。如謂學堂之名不古，似可即名曰各種學校」。〔註54〕張之洞雖然表面上只是在批評書院的積習難改，惟其言下之意，亦是指稱書院無法擔負取士育才的重責大任，故不需再沿襲書院之名，至於其名爲學堂或學校皆無不可。要言之，育才興學以求富強乃是張之洞此時最重要的目標，科舉與書院似乎已經無法滿足張之洞的需求。

張之洞既對書院有如許批評，也就不難理解張之洞何以在〈創立存古學堂摺〉中極力強調存古學堂與書院的不同。〔註55〕除了外在形式如課程鐘點、兼習兵操、使用粉牌（黑板）授課等差異，張之洞之所以以學堂存古，主要恐怕還是學堂在張之洞看來非但具有培育人才的效能，亦能兼顧中學，這也使張之洞不太可能再行恢復書院。故存古學堂雖以學習中學爲主，最終仍採用學堂的形式。

當然，若將目光放到存古學堂設立時的時代環境，不能否認的是尊新崇

〔註51〕 張之洞，〈變通政治人才爲先遵旨籌議摺〉，頁1394。

〔註52〕 張之洞，〈致瞿子玖〉，後收入：苑書義、孫華峰、李秉新主編，《張之洞全集（十二）》卷288，頁10297～10298。

〔註53〕 關曉紅即謂八股成爲甲午戰敗乃至國家貧弱的代罪羔羊，反之學堂則是國家救亡圖存的重要途徑。此時改科舉與興學堂背後的民族危機意識，反而使得改科舉與興學堂的行爲超出教育本身的範圍，背負上沉重的拯救民族與國家的期待。關曉紅，〈殊途能否同歸——立停科舉後的考試與選材〉，《中央研究院近代史研究所集刊》59（臺北：2008年），頁1～28。

〔註54〕 張之洞，〈變通政治人才爲先遵旨籌議摺〉，頁1401～1402。

〔註55〕 張之洞，〈創立存古學堂摺〉，頁233。

西的世風對存古學堂的設立有著極大影響，張之洞在摺中就說存古學堂將兼習科學，以不致爲談新學者所詬病，〔註56〕顯見欲將存古學堂冠上新名以防堵趨新者之口，亦是張之洞的考量之一。但是尊新崇西的世風對存古學堂的影響非惟如此而已，在這樣的時代環境下正代表了中學所面臨的危機。張之洞在〈創立存古學堂摺〉中提及：「近年以來西風日熾，學堂學生喜新奇而蔑棄正學，各學堂之經學徒爲具文，經學實有淪亡之疑慮。」〔註57〕他在晚年自述中也說「時尚新學，從風而靡，少年輕躁之士，時有背本蔑倫之憂」，方在湖北設立存古學堂。〔註58〕是故，存古學堂的出現其實是反映出中學將亡的隱憂，〔註59〕若非中學有淪亡的危機，何以要如此致力於保存？同樣的，龐鴻書（生卒年不詳）奏請設立以保存中學爲主的達材學堂，也是基於憂懼中學淪亡的心態。〔註60〕羅志田認爲，若將張之洞在〈設立存古學堂摺〉中所言，與4年前（即光緒29年）他在請漸停科舉時所說的：「或慮停罷科舉、專重學堂，士人競談西學，中學將無人肯講。茲臣等現擬各學堂課程，於中學尤爲注重」〔註61〕合而觀之，正可充分體現「張之洞欲強中學不得不講西學、欲存『中士』之認同又不能不講中學那種兼顧新舊的『中體西用』取向」。〔註62〕這樣的心態正如同前述張之洞在科舉與書院改革時，不忘強調中學之「體」的重要性一樣，如何在學堂取才的同時兼顧中西，正是張之洞所要面臨的難題。

以下先來看看張之洞在學制中對學堂學習中學的規畫，他在〈變通政治人才爲先遵旨籌議摺〉中要求無論大小學堂皆須學習《四書》《五經》等人倫

〔註56〕張之洞，〈創立存古學堂摺〉，頁233。

〔註57〕張之洞，〈創立存古學堂摺〉，頁234。羅振玉（1866～1940）在〈雪堂自述〉中也提及他觀察到的「新學未興，舊學已替」的現象，以致他在批閱留學生國文試卷時，發現「幾無一卷通順，滿紙『膨脹』、『運動』等新名詞，閱之令人作嘔。」羅振玉並建議當時掌管學部之榮慶（1859～1917）「優獎海內宿學、經術文章夙著聲譽者數人，以示學子，俾知國學重要，並非偏重西學。」羅振玉，《雪堂自述》（南京：江蘇人民出版社，1999年），頁30。

〔註58〕張之洞，〈抱冰堂弟子記〉，頁10623。

〔註59〕相關討論可見劉龍心，《學術與制度——學科體制與現代中國史學的建立》，頁48～70。

〔註60〕龐鴻書，〈會奏改設學堂以保國粹而勵眞才摺〉，潘懋元、劉海峰編，《中國近代教育史資料匯編：高等教育》，頁227。

〔註61〕張之洞，〈請試辦遞減科舉摺〉，《張之洞全集（三）》，頁1597。

〔註62〕羅志田，《國家與學術：清末民初關於「國學」的思想論爭》，頁116。

道德經學大義，稱之爲「國教」；〔註63〕在日後擬定的學堂學制中，張之洞也提及初等小學堂的教育目標有修身與愛國二項，其中修身在使學生知義理，愛國則在使學生知保護國家。〔註64〕欲達成此二項目標，則端賴讀經講經。張之洞指出經書的主要目的在灌輸學生綱常名教、禮義廉恥，並且明白堯、舜、周、孔等儒家聖王之理。〔註65〕這種學習經書以維繫綱常名教的作用，又隨著癸卯學制的施行，普及至全國各大小學堂中。由上可知，張之洞在興學堂的過程中，即一再致力於強化學堂保存中學的功能。

　　問題在於，中學在學堂中既已獲得如此的保存，張之洞何以又要在癸卯學制施行之後，再行設立存古學堂？一方面這仍與張之洞既往的教育理念有關，張之洞在《勸學篇》中就談到外國學堂有專門之學與公共之學之分，專門之學強調其精深，爲少數能者方能學習，亦不必人人皆學。〔註66〕與此相對者則爲普通學堂的公共之學，普通學堂分爲小學堂、中學堂與大學堂三級，各級學堂之科目程度相同，學生亦以資質相等者爲同班。〔註67〕在中學的保存上，張之洞運用了這種「專門」與「普通」相區隔的方法，將中學分爲這兩種不同程度的學習方式，專門乃是「好古研精不騖功名之士」方能爲之，〔註68〕普通則「以致用當務爲貴，不以殫見洽聞爲賢」〔註69〕，難易程度亦須人人能學。〔註70〕

　　張之洞這樣的想法清楚的體現在〈創立存古學堂摺〉中，張之洞自陳他創立存古學堂的原因之一是：「蓋前奏各學堂章程，重在開發國民普通知識，故國文及中國舊學，鐘點不能過多。此項存古學堂，重在保存國粹，且養成傳習中學之師，於普通各門止須習其要端，知其梗概，故普通、實業各事鐘點亦不便過多，以免多占晷刻。兩法相互補益，各有深意，不可偏廢，不可

〔註63〕張之洞，〈變通政治人才爲先遵旨籌議摺〉，頁1395。

〔註64〕張之洞，〈籌定學堂規模次第興辦摺〉，後收入：璩鑫圭、唐良炎編，《中國近代教育史資料匯編：學制演變》，頁104。

〔註65〕張之洞，〈籌定學堂規模次第興辦摺〉，頁107。

〔註66〕張之洞，《勸學篇·學制第四》，頁101。張之洞，《勸學篇·守約第八》，頁64。

〔註67〕張之洞，《勸學篇·學制第四》，頁101～102。

〔註68〕張之洞，《勸學篇·學制第四》，頁101。張之洞，《勸學篇·守約第八》，頁64。

〔註69〕張之洞，《勸學篇·守約第八》，頁63。

〔註70〕張之洞，《勸學篇·學制第四》，頁101～102。

相非。」〔註71〕細審張之洞的言下之意，惟有專門之學與普通之學並行，方能夠兼具開發國民知識與保存國粹兩項目標。張之洞也在制定學制時力圖實踐此意圖，他表示普通學堂功課極為繁多，然而時間有限，因此建議中小學堂學生熟習幾部經書的大義即可，十三經不必全部皆讀。〔註72〕相對的，既然各學堂教授經史漢文等功課的時間有限，所講內容也極為簡略，若僅依賴這些學堂保存中學，中國將來必幾無經史之師，〔註73〕他在〈創立存古學堂摺〉中亦對「專門高深之中學」無人肯學甚為憂慮。〔註74〕故存古學堂的主要目的，即在培養中學師資，以及升入大學文科、經科之學生。〔註75〕存古學堂經學科低年級的課程目標在遍覽九經全文及群經大義，高年級需一人能專治一大經與一中小經，〔註76〕要求可說極為嚴格。這也是其他倡議設立存古學堂者所具有的想法，陳啓泰（1842～1909）及李浚（生卒年不詳）二人都提到普通學堂讀經史書的時間有限，是以高深的中學根本無從學起，此二人乃倡議在江蘇與山西設立存古學堂。〔註77〕

由以上張之洞的教育觀看來，張之洞始終力圖兼顧經世富強與保存中學這兩者，存古學堂的設立其實也是在張之洞這種思維下所建立，下面則將繼續討論存古學堂的實際建設狀況。

第二節　存古學堂簡史與教習簡介

存古學堂首經張之洞倡議之後，清末多省皆曾設立，或有設立的構想。

〔註71〕 張之洞，〈創立存古學堂摺〉，頁233。
〔註72〕 張之洞，〈致京管理大學堂張尚書〉，璩鑫圭、唐良炎編，《中國近代教育史資料匯編：學制演變》，頁133。
〔註73〕 張之洞，〈致瑞安黃仲弢學士〉，後收入：苑書義、孫華峰、李秉新主編，《張之洞全集（十一）》卷259，頁9175～9176。
〔註74〕 特別要聲明的是，在清末設立的多所存古學堂，每省的倡設存古學堂的理由不盡相同。由於本章是以首倡者張之洞為主的討論，是以以下所舉之例皆為與張之洞想法相近或雷同者。關於他人對存古學堂不同的想法，甚或對張之洞持反對意見者，可參見郭書愚，〈存古學堂述略〉，頁16～48。
〔註75〕 張之洞，〈創立存古學堂摺〉，頁232。
〔註76〕 張之洞，〈建設存古學堂札〉，《湖北官報》第3冊（北京：全國圖書館文獻縮微複製中心，2006年），頁15283。
〔註77〕 陳啓泰，〈奏仿設存古學堂摺〉，潘懋元、劉海峰編，《中國近代教育史資料匯編：高等教育》，頁247～248。李浚，〈奏經學亟宜注重，請立存古學堂摺〉，潘懋元、劉海峰編，《中國近代教育史資料匯編：高等教育》，頁250。

在眾多存古學堂中，最早擬定完整章程的是湖北存古學堂，故常成為其他存古學堂參考的對象。〔註78〕江蘇存古學堂則因其課程設置較湖北存古學堂簡易，三年的修業年限也較湖北存古學堂為短，成為此後辦理存古學堂的另一範例。〔註79〕本文所討論的學人亦多任教於湖北與江蘇兩所存古學堂中，故以下擬先概述這兩所存古學堂的辦學情形：

湖　北

在光緒 30 年的《湖南官報》中，就已經登載了〈鄂督張設立存古學堂札〉，〔註80〕內中所載與光緒 33 年張之洞所奏呈的〈創立存古學堂摺〉大同小異，顯然該札乃為日後〈創立存古學堂摺〉的範本。爾後在光緒 31 年（1905）到 32 年（1906）間陸續有湖北存古學堂施工的消息，〔註81〕直至光緒 32 年（1906）5 月間存古學堂始竣工。〔註82〕學堂完工之後，張之洞並派人採買古籍，運入書庫館藏以備學生參閱。〔註83〕光緒 33 年 9 月，湖北存古學堂正式招考，試後錄取高等小學畢業生正取 25 名，備取 40 名；支郡師範各堂畢業生正取 85 名，備取 96 名，各州縣送考之廩增附生正取 10 名，備取 6 名，〔註84〕合計正取生 120 名，於光緒 34 年（1908）7 月 24 日正式開學。〔註85〕

惟湖北存古學堂開學之後，成效似乎不如預期，最初的實際授課內容僅有普通科學，直至光緒 34 年 3 月間趙爾巽（1844～1927）接任湖廣總督，才

〔註78〕〈派員調查存古學堂章程　武昌〉，《申報》，光緒 34 年 1 月 16 日，第 2 張第 3 版。〈江蘇存古學堂現辦簡章〉，潘懋元、劉海峰編，《中國近代教育史資料匯編：高等教育》，頁 246。〈京師擬設存古學堂〉，《大公報》第 3173 號，宣統 3 年 5 月 5 日，第 2 張第 1 版。〈存古學堂之籌議〉，《四川教育官報》第 5 期，宣統元年，第 1～2 版。

〔註79〕郭書愚，〈存古學堂述略〉，頁 67。

〔註80〕〈鄂督張設立存古學堂札〉，《湖南官報》第 980 號，光緒 30 年 12 月 9 日（北京：全國圖書館文獻縮微複製中心，2006 年），第 33 版。

〔註81〕〈鄂省學務彙述　武昌〉，《申報》，光緒 31 年 12 月 1 日，第 9 版。〈存古學堂大興土木　漢口〉，《申報》，光緒 32 年 1 月 24 日，第 3 版。

〔註82〕〈武昌〉，《申報》，光緒 32 年 5 月 24 日，第 2 張第 10 版。

〔註83〕〈紀存古學堂之籌畫〉，《大公報》第 1839 號，光緒 33 年 7 月 16 日，第 4 版。〈湖北存古學堂之傑構　武昌〉，《申報》，光緒 33 年 7 月 21 日，第 5 版。

〔註84〕〈存古學堂考試案揭曉　武昌〉，《申報》，光緒 33 年 10 月 17 日，第 2 張第 4 版。

〔註85〕〈湖北省城存古學堂一覽表　光緒 34 年上學期〉，國史館藏教育部檔《平檔省立湖北存古學堂》，目錄號：195，案卷號：135。

下令學堂課程應照章講授，將全堂學生分爲三堂，並任選經學、史學與詞章任一門爲主課。〔註 86〕在學習秩序上，也有傳聞該堂學生規矩極爲鬆散，是以建議派遣學堂監督以整頓學風。〔註 87〕但這樣的做法似乎在端正學風的效果上極爲有限，宣統元年（1909）湖北存古學堂學生就因風聞東三省外交失敗，要求添設兵操被阻，因而相率抵制考試，造成監督及各職員皆向提學使要求辭職，至有解散之疑慮。〔註 88〕除了學生的學習態度不佳外，教員之惡劣亦是不遑多讓。宣統 3 年（1911）湖北教育司查訪存古學堂的報告中就指出存古學堂的教員由於兼差過多，不能準時到堂，甚且經常曠課。〔註 89〕《申報》也說湖北存古學堂教員師生均以曠課爲常事，兩者互不責難，故湖北學堂校風之敗壞，無有過於存古學堂師生者。〔註 90〕這些都是湖北存古學堂辦學成效不彰的原因，同時也招致了報紙輿論的批評。另一項更爲深重的難題是財政支出，在宣統 2 年（1910）時湖北學務公所已傳出經費周轉不靈，以至於各官立學堂皆面臨關門停辦的危機。〔註 91〕到了宣統 3 年，即因湖北學款透支，不能給付存古學堂學生書籍學膳等費用，導致該堂學生停課，〔註 92〕致使湖北存古學堂在中華民國教育部飭令停辦之前，就已自行解散了。

江　蘇

　　光緒 33 年江蘇決定停辦江蘇師範學堂附設之遊學預備科，孫德謙於是稟請將該校遺留的學古堂舊址及款項改辦存古學堂，但是江蘇高等學堂監督兼遊學預備科監督蔣炳章（1864～1930），卻主張將其挪用於辦理高等學堂，〔註 93〕兩者意見不一，於是江蘇教育總會就寄函給江蘇巡撫（當時蘇撫應爲陳啓泰）商議此事。最後此信函由兩江總督端方（1861～1911），回覆，端方認爲

〔註 86〕　〈存古學堂改章　武昌〉，《申報》，光緒 34 年 3 月 8 日，第 2 張第 3 版。
〔註 87〕　〈派委存古學堂監督　武昌〉，《申報》，光緒 34 年 10 月 16 日，第 2 張第 3 版。
〔註 88〕　〈學堂風潮彙誌〉，《教育雜誌》1：13，頁 100。
〔註 89〕　〈本司詳督憲考覈各學堂教員辦理實在情形文〉，《湖北教育官報》第 9 期，宣統 3 年（北京：全國圖書館文獻縮微複製中心，2006 年），頁 16386。
〔註 90〕　〈存古學生無心嚮學之一班　武昌〉，《申報》宣統 3 年 1 月 28 日，第 1 張後幅第 4 版。
〔註 91〕　〈鄂省官立學堂岌岌可危　湖北〉，《申報》宣統 2 年 7 月 12 日，第 1 張後幅第 2 版。
〔註 92〕　〈存古學堂停課之原委〉，《申報》宣統 3 年 4 月 8 日，第 1 張後幅第 3 版。
〔註 93〕　郭書愚，〈存古學堂述略〉，頁 143。

江蘇省財力已極為困窘，是否可以兩校並舉，或者只能擇一舉辦，需再行討論，〔註94〕結果似乎是不了了之。但根據《申報》所載，光緒34年江蘇在學古堂的舊址上改建存古學堂，〔註95〕顯然江蘇最終仍同意開辦存古學堂，並開始著手興建。同年4月15日江蘇存古學堂舉辦入學考試，約有300人報名投考，〔註96〕最後錄取內課生40名，外課生60名，〔註97〕並於4月25日正式開學。〔註98〕江蘇存古學堂創辦伊始，由於課本典籍皆尚未備齊，還接收了蘇州原有經營不善的官書局，作為印刷出版書籍與課本之用。〔註99〕

　　江蘇存古學堂建立後也並非沒有面臨困境，首先是存古學堂學生也出現學規鬆弛、曠課的情形，〔註100〕甚至在暑假過後缺額40名，必須重新舉辦考試以補足名額。〔註101〕財力上的困窘也是江蘇存古學堂的難題之一，在財力艱困之下，江蘇諮議局本已提出廢止存古學堂的議案，幸而學部修訂存古學堂新章頒布，存古學堂方才解除被廢除的危機。〔註102〕只不過到了民國建立後，江蘇存古學堂依然無法免去被民國教育部飭令關閉的命運。

　　由於湖北存古學堂與江蘇存古學堂的教習眾多，曾任教於其中之教習簡歷與職稱請參閱附表一與附表二。以下僅對本文討論較多的湖北與江蘇存古學堂教習進行簡介：

王仁俊（1866～1913，湖北存古學堂教務長兼經學教員、江蘇存古學堂詞章總教）

　　王仁俊字扞鄭，一字惑花，吳縣東洞庭湖人。自幼喜治經小學，為俞樾與雷浚之弟子。曾肄業正誼書院，肆力於考據學，後又入學古堂就讀。光緒

〔註94〕〈江督復江蘇教育總會函〉，《申報》，光緒34年1月21日，第3張第2版。
〔註95〕〈蘇省存古學堂開辦情形　蘇州〉，《申報》，光緒34年3月21日，第2張第4版。
〔註96〕〈存古學堂定期考試　蘇州〉，《申報》，光緒34年4月14日，第2張第4版。
〔註97〕〈補誌存古學堂考試題目　蘇州〉，《申報》，光緒34年4月24日，第2張第4版。
〔註98〕郭書愚，〈存古學堂述略〉，頁146。
〔註99〕〈官書局歸併存古學堂　蘇州〉，《申報》，光緒34年5月初8日，第2張第3版。
〔註100〕〈存古學生之自由　蘇州〉，《申報》，光緒34年5月初2日，第2張第3版。
〔註101〕〈蘇省學務彙誌〉，《申報》，光緒34年8月26日，第2張第3版。
〔註102〕〈江蘇巡撫程德全奏存古學堂暫行停辦摺〉，《內閣官報》第78期，宣統3年9月19日，第12版。（「晚清期刊全文數據庫」http://www.cnbksy.cn/shlib_tsdc/index.do）

17 年（25 歲）由張之洞招入幕府，光緒 18 年（26 歲）成進士，入翰林院，
授庶吉士。光緒 20 年（1894，28 歲）改任吏部主事，由於時值甲午戰爭爆發，
諸多士大夫痛惜國家積弱不振，倡言變法以圖自強，王仁俊憂懼變法偏激者
矯枉過正，故於上海創立實學報館，以道自任。光緒 25 年（33 歲）改任湖北
知府。光緒 29 年（37 歲）赴日本考察學務，兼赴博覽會參觀。此後歷任宜昌、
黃州知府。張之洞創存古學堂後，招王仁俊為湖北存古學堂教務長；陳啓泰
改學古堂為存古學堂後，又敦聘王仁俊主掌江蘇存古學堂，故王仁俊有「吳
楚兩存古，江湖一散人」之言。光緒 33 年（41 歲）張之洞入軍機兼掌學部，
調王仁俊充任學部圖書局副局長兼大學堂教習。辛亥後曾參與孔教會活動，
以行尊孔事。王仁俊治經宗許、鄭，中年以後對金石文字學頗有研究。據其
弟子回憶，王仁俊曾說過「訓詁上下五千年，翻譯縱橫九萬里」，並告知弟子
自己已疲於學習中學，不能再行學習西文，否則當以西學補充自身之不足，
可見王仁俊並非以舊學自限者。〔註103〕

曹元弼（1867～1953，湖北存古學堂經學總教、江蘇存古學堂經學總教）

曹元弼字谷孫，又字師鄭，一字懿齋，號叔彥，晚號復禮老人，江蘇吳
縣人。光緒 11 年（18 歲）入江陰南菁書院，師從黃以周（1828～1899），與
張錫恭（1858～1924）、唐文治（1865～1954）等人交好。光緒 12 年（1873，
19 歲）進京赴禮部試時結識孫詒讓，與孫詒讓論《禮》甚為相得。後成《禮
經校釋》2 卷。光緒 20 年（27 歲）中會試，因患有眼疾，寫不成字，故由二
等被降為三等五十名，授為中書。光緒 23 年（30 歲）應張之洞聘，任兩湖書
院經學總教，撰有〈原道〉、〈述學〉、〈守約〉三篇文章，以示兩湖書院學生
治學之方法，亦可說是夫子自道之作。曹元弼在兩湖書院中，相與論學者有
馬貞榆、王仁俊、楊守敬（1839～1915）、蒯光典（1857～1910）、姚晉圻
（1857～1916）等人。在院中曾與梁鼎芬（1859～1919）同輯《經學文鈔》，
又應張之洞命編《十四經學》，講解治經提要鉤玄之法。其中已完成並刊刻者
者有《周易學》8 卷、《禮經學》9 卷、《孝經學》7 卷，已刊刻但尚未完成者
有《毛詩學》、《周禮學》、《孟子學》若干卷，《論語學》一部，後改名為《聖

〔註103〕上述王仁俊傳略參考自〈吳縣王捍鄭先生傳略〉，王仁俊輯，《玉函山房輯佚
書續編三種》（上海：上海古籍出版社，1989 年），頁 535～544。〈陶樓學案　王
先生仁俊〉，徐世昌等編；沈芝盈、梁運華點校，《清儒學案》卷 184（北京：
中華書局，2008 年），頁 7128～7129。

學挽狂錄》。光緒 33 年（40 歲）應張之洞聘任湖北存古學堂經學總教，光緒
34 年又兼任江蘇存古學堂經學總教。辛亥後閉門隱居，惟與葉昌熾（1849～
1917）、鄒福保（1852～1915）、張錫恭、朱祖謀（1857～1931）、王季烈（1873
～1952）、劉錦藻（1862～1934），等人往來。曹元弼治經宗鄭玄，兼採程、
朱二子。惟其平直通達，又較接近陳澧（1810～1882）。同縣有人評曹元弼說：
「吾蘇二百六十年，前後得兩人焉。昆山則有亭林先生，吳縣則爲吾叔彥先
生。振綱常，扶名教，爲宇宙間特立獨行之眞儒。」〔註104〕

馬貞榆（？～1914，湖北存古學堂經學總教）

　　馬貞榆字季立，廣東順德人。肄業廣州學海堂，時學海堂之學長爲陳澧，
治經兼采漢宋，就學期間與同學梁鼎芬相善。光緒 16 年（1877），張之洞創
廣雅書院，聘請馬貞榆任理學分校。張之洞創兩湖書院後，又聘請馬貞榆任
經學分教。殆至梁鼎芬任兩湖書院院長，延聘馬貞榆爲史學與輿地分教。張
之洞曾經稱他爲「學術純正，品行端潔，足稱經師人師之選」。書院改學堂後，
馬貞榆改任兩湖師範學堂教習、存古學堂經學總教。不久後張之洞因病逝於
軍機大臣任上，在張之洞逝世後，馬貞榆自武昌行至京師，哭數千里祭張之
洞。又因張之洞逝世，其束脩銳減，故只能就京師大學之聘。辛亥後流落京
師，以小學教員終老，七十餘歲窮困死於校中。陳衍（1856～1937）在其爲
馬貞榆所寫的傳略末有評語說：「貞榆自貢成均，以儒學教諭候選。薦舉經濟
特科，召試未應。終其身任教育，職甚稱。所謂儒者非耶？敘勞僅得翰林院
典簿，時世變易，客死異鄉，彷彿唐杜甫、孟郊焉。世無嚴武、鄭餘慶其人，
若貞榆又寧足異耶？」〔註105〕

張爾田（1874～1945，江蘇存古學堂庶務長）

　　張爾田，官名采田，字孟劬，晚號遁堪，浙江錢塘人。早年治《說文》，通
《三禮》，後遍讀周秦諸子之書，又習小乘佛教經典。爲學師從譚獻（1832～
1901），並以光大浙東史學爲職志，素來服膺章學誠（1738～1801）與龔自珍之

〔註104〕上述曹元弼傳略參自王大隆，〈吳縣曹先生行狀〉，卞孝萱、唐文權編，《民國
　　　　人物碑傳集》（北京：團結出版社，1995 年），頁 522～526。
〔註105〕上述馬貞榆傳略參考自陳衍，〈馬貞榆傳〉，陳衍撰，陳布編，《陳石遺集（上）》
　　　　（福州：福建民眾出版社，2001 年），頁 555～556。周漢光，《張之洞與廣雅
　　　　書院》（臺北：文化大學，1983 年），頁 417～418。

學。曾與王國維（1877～1927）、孫德謙二人並稱為「海上三子」。光緒 21 年（22 歲）以例監生籤分刑部廣西主事，光緒 28 年（1902，29 歲）改任江蘇試用知府。這段時間與夏曾佑（1863～1924）論佛學甚為相得，日後將兩人論學之內容寫為〈屏守齋日記〉，刊於《史學年報》中。光緒 34 年（35 歲）完成其學術代表作《史微》，仿《文史通義》之體例，分為內篇 38 篇、附篇 4 篇。民國後以遺老自任，在上海參與孔教會，為《孔教會雜誌》執筆。趙爾巽開清史館修清史，招聘張爾田入館，有清遺民以為清尚未亡，不應當修清史，張爾田對此表示：「《東觀漢紀》，即當世所修，何嫌何疑耶？」故毅然應聘入館，修成〈樂志〉、〈刑法志〉、〈地理志·江蘇篇〉、康熙朝大臣〈圖海、李之芳傳〉與〈后妃傳〉，惟最後〈后妃傳〉未被採用，日後另行出版《清列朝后妃傳稿》。在民國之後，張爾田除了入清史館修史，他亦認為束脩與俸祿不同，乃受聘於學校教授生徒，歷任北京大學、上海交通大學及哈佛燕京學社研究部。〔註106〕

孫德謙（1869～1935，江蘇存古學堂協教兼詞章小學教員）

孫德謙字受之，又字壽芝，號益葊，晚號隘堪居士，江蘇元和人。從雷浚（1814～1893）學治經，早年喜好高郵王念孫（1744～1832）、王引之（1766～1834）父子之學，故亦涉獵訓詁學。光緒 13 年（19 歲）補諸生。後以小學不能通知經學大義，不屑徒陷於章句訓詁，故去經而治諸子百家，與張爾田同治章實齋之學，以治史之法治諸子。於諸子學著力甚深，張爾田曾謂：「諸子之學，創始益葊與弟，而執事實為之後勁。世有表子學先河者，必不遺我輩。」光緒 26 年（32 歲）受聘為紫山書院山長，於時文以外兼課經古學，士人多稱頌之。同年冬天受兩浙鹽運使許貞幹（？～1914）招入幕，後又入電政大臣吳重熹（1841～1921）幕，與鄭文焯（1856～1918）、吳俊卿（1844～1927）、朱祖謀等人交好。江蘇存古學堂為孫德謙所請立，行狀謂孫德謙設立存古學堂後，「一時東南士風為之丕變，前後協教凡三年。」辛亥革命後與張爾田同入孔教會，以闡揚名教為己任。〔註107〕

〔註106〕上述張爾田傳略參考自鄧之誠，〈張君孟劬別傳〉，卞孝萱、唐文權編，《民國人物碑傳集》，頁 450～452。王蘧常，〈錢塘張孟劬先生傳〉，錢仲聯主編，《廣清碑傳集》（卷 20）（蘇州：蘇州大學，1999 年），頁 1362～1363。陳秋龍，〈張爾田的經史思想與文化關懷〉（臺北：國立師範大學歷史學系碩士論文，2011 年）。

〔註107〕上述孫德謙傳略參考自王蘧常，〈清故貞士元和孫隘堪先生行狀〉，卞孝萱、唐文權編，《民國人物碑傳集》，頁 630～635。吳丕績，〈孫隘堪年譜初稿〉，

　　除了較爲重要的湖北與江蘇這兩所存古學堂外，其他省開辦存古學堂者亦不在少數。各省存古學堂從擬辦到興建的詳細情形，郭書愚〈存古學堂述略〉已有極詳細的討論，此處不再贅述，僅將各省存古學堂的成立時間、倡設者、任教者及結束時間以表格整理如下：

名　　稱	開辦時間	倡設者	任教者	結束時間
湖南存古學堂（與達材學堂合辦，稱爲達材存古學堂）	光緒 32 年	馮錫仁（工科給事中）張祖同（湖南候選道）程龢祥（江蘇候補道）	孔憲教 汪先昕 馮廷桂 張之基 李澤銑 陳昀 呂家駒 張錦燾 劉展 黃逢元 聶仁德	民國元年
湖北存古學堂	光緒 33 年	張之洞	見附表一	宣統 3 年
江蘇存古學堂	光緒 34 年	孫德謙（元和縣訓導）	見附表二	民國元年
廣東存古學堂	宣統元年	王人詳（廣東提學使）	丁仁長 曹可均 許文瀚 黃隆棟 談國政 馬奎照 方頤恕 區應麟 談鎮東 姚曦 楊壽昌	民國元年

《學海》創刊號（南京：1944 年），頁 88～96。吳丕績，〈孫隘堪年譜初稿（續）〉，《學海》1：6（南京：1944 年），頁 92～97。吳丕績，〈孫隘堪年譜初稿（續）〉，《學海》2：2（南京：1944 年），頁 54～56。張爾田，〈論學書五首〉，《學術世界》1：8（上海：1935 年），頁 91。

			胡象江 凌鶴書 梁式英 梁寶常 胡兆麟 陳冕榮 羅汝楠 鄧廣熙	
陝西存古學堂	宣統元年	恩壽（陝西巡撫） 升允（陝甘總督）	尹昌齡 朱廷榘 余堃 余誠格 李廷鈺 汪利潤 武文炳 胡元常 栗洒容 高賡恩 張紹元 淡明志 瑞清 雷柱 厲鍾麟 潘宗信 興元	民國元年
四川存古學堂	宣統2年	鄒炳琅（眉州士紳）	吳之英 宋育仁 徐炯 楊贊襄 廖平 趙啟霖 駱成襄 謝無量 羅元黼 羅時憲 曾學傳 饒炯	民國元年更名爲「四川國學院」，民國2年更名爲「四川國學專修學校」，民國3年改組爲「四川省國學學校」，民國8年～16年間改爲「公立四川大學中國文學院」，併入四川大學

安徽存古學堂	宣統2年	沈曾植	王詠霓 朱孔彰 李祥	民國元年
山東存古學堂	不詳	朱壽蕃（江蘇候補道銜）	毛承霖 田士懿 孫葆田	民國元年
甘肅存古學堂	宣統3年	陳曾佑（甘肅提學使）	劉爾炘	民國元年
浙江存古學堂	不詳	姚丙然（浙江省官書局總纂）		
黑龍江存古學堂	未開辦	不詳		
廣西存古學堂	未開辦	不詳		
兩江存古學堂	未開辦	劉師培		
江寧存古學堂	未開辦	沈維冀（江蘇舉人）等人		
福建存古學堂	未開辦	張亨嘉（禮部左侍郎）		
河南存古學堂	未開辦	張紹渠（生員）		
雲南存古學堂	未開辦	胡思義（通海縣知縣）		
江西存古學堂	未開辦	王以繁（南康府地方官）		
貴州存古學堂	未開辦	龐鴻書（貴州巡撫）		
京師存古學堂	未開辦	唐景崇（學務大臣）		

※資料參考自：郭書愚，〈存古學堂述略〉。何域凡，〈存古學堂嬗變記〉，頁417～428。韓定山，〈我所親歷的甘肅存古學堂〉，頁519～523。

　　由上述表格可見，不論是否開辦成功，存古學堂的倡設在清末確實有過不小的迴響，〔註108〕而成功開辦者亦有9所之多。在如此眾多存古學堂中，

〔註108〕關曉紅認為清末的政治局勢也影響到存古學堂的興辦，在張之洞入主學部，並下令各省皆須籌辦存古學堂後，存古之風甚囂塵上，多省紛紛辦理，惟與袁世凱關係較為密切的省分如直隸，則始終堅持不辦存古學堂。關曉紅，〈張

羅列所有存古學堂的課程所學，似有流於瑣碎之嫌，故以下只以首創之湖北
存古學堂課程爲例，使讀者稍明存古學堂之課程所學。張之洞所規畫的存古
學堂課程主要分爲三門：經學門、史學門與詞章門，除了此三門主課外，尚
有其他門通習課，爲方便呈現各門名稱與各門之鐘點起見，以表格將其整理
如下：

各年鐘點 學科	第一年	第二年	第三年	第四年	第五年	第六年	第七年
經學（主課）	24	24	24	24	24	18	18
經學（輔課）	3	3	3	3	3	3	3
史學（主課）	24	24	24	24	24	18	18
史學（經學門輔課）	3	3	3	3	3	3	3
史學（詞章門輔課）	3	3	3	3	3	6	6
詞章學（主課）	24	24	24	24	24	18	18
詞章學（輔課）	3	3	3	3	3	6	6
博覽古今子部諸家學	0	0	0	2	2	5	5
算學	3	3	3	1	1	1	1
輿地學	1	1	1	1	1	1	1
外國史	1	0	0	0	0	0	0
博物	0	1	0	0	0	0	0
理化	0	0	1	0	0	0	0
外國政治法律理財	0	0	0	1	0	0	0
外國警察監獄	0	0	0	0	1	0	0
農林漁牧各實業	0	0	0	0	0	1	0
工商各實業	0	0	0	0	0	0	1
體操	1	1	1	1	1	1	1
合計	36	36	36	36	36	36	36

※資料參考自：張之洞，〈建設存古學堂札〉，頁 15281～15282。

　　湖北存古學堂學生在入學之時，需在經學、史學與詞章三門中任擇一門
課作爲主課，確定主課之後，餘下兩門即爲輔課，亦即每個學生皆須修習經
學、史學與詞章三門，只不過鐘點數不同。經學、史學與詞章三門以外的科
目，則是通習課，所有學生皆須學習。由此湖北存古學堂課程鐘點看來，雖

然也有如外國史、外國政治法律、警察監獄等科目，不過這些科目鐘點數都只有一個鐘點，占課程絕大部分的仍是傳統中國學問，張之洞意欲於存古學堂中保存專門高深之中學的用心可見一斑。以下再以表格說明經學、史學與詞章三門各學年所需學習內容：

學　科	學　年	所學內容
經學門	第1～2年	遍覽九經全文，講明群經要義大略。
	第3～6年	治專經之學，以一人能治一大經，兼治一中小經爲善。
	第7年	專考求本經自古及今致用之實效，見於史傳羣書者。
史學門	第1～3年	先博覽全史要事大略。
	第4～6年	治專門史學。
	第7年	專考所習何史此數朝得失治亂之大端，或與今日相類之處，或與今日相反之處，可爲今日法戒者。
詞章門	第1～3年	先綜覽歷朝總集之詳博而大雅者，使知歷代文章之流別。
	第4～6年	講讀研究詞章諸名家專集。
	第7年	專考古今詞章之有益世用者。

※資料參考自：張之洞，〈建設存古學堂札〉，頁15283～15284。

至於存古學堂學生畢業的門檻與所選主課有關，經學門的學生必須通羣經中之一經，《說文》、《爾雅》學、音韻學亦附於此門。史學門的學生必須通二十四史及各類《通鑑》、《通考》其中一部，本朝掌故學亦附於此門中。詞章門的學生必須於各類文體中專習一種，有散文、駢文、古詩、古賦，金石學與書法學亦附於此門中。〔註109〕

不過當時致力保存中學的學校並不只存古學堂一所，〔註110〕就以張之洞個人規畫的〈奏定大學堂章程〉看來，大學堂與通儒院亦是張之洞試圖保存精深古學之處。〔註111〕在存古學堂經學科第7年的研究法中，張之洞就說此

〔註109〕張之洞，〈建設存古學堂札〉，頁15280。
〔註110〕如宋恕在光緒31年擬設立的山東粹化學堂、同年陳虁龍擬設的河南尊經學堂與光緒32年錫良擬設的四川致用學堂。相關討論見羅志田，《國家與學術：清末民初關於「國學」的思想論爭》，頁129～136。郭書愚，〈存古學堂述略〉，頁209～229。
〔註111〕張百熙、榮慶、張之洞，〈奏定學務綱要〉，璩鑫圭、唐良炎編，《中國近代教育史資料匯編：學制演變》，頁493。

科的研究方法已詳見於奏定章程大學堂經學門的說明中。類似的，史學科第 1
到 6 年的研究法，則詳見於大學堂中國史學門與中國文學門。〔註 112〕這可以
顯示存古學堂設立的目的之一雖然是爲了培養經科與文科大學的學生，但在
學習內容上，存古學堂與經科、文科大學乃是有所重疊的。劉龍心就曾將存
古學堂設計的課程與經科、文科大學相比較，認爲兩者的學習內容極爲相似，
若存古學堂學生畢業之後再進入經科或文科就讀，其實已經沒什麼好研讀的
了。〔註 113〕更進一步而言，存古學堂雖是爲了培養中等學堂的師資而設立，
但若執中等學堂的中學課程而視之，其實並不需要如此艱深的中學程度即能
任教。〔註 114〕既然如此，憂懼中學之淪亡可說才是存古學堂成立的眞正目的，
存古學堂甚至因此成爲與學制並行的另一套教育系統。〔註 115〕

　　在湖北存古學堂設立之後，並非全國存古學堂的定章都照著湖北存古學
堂走，如四川存古學堂的主要科目就分爲經學、史學、理學和文學四門。〔註
116〕又如陝西省的科目只有倫理、經學、史學、文學、地理和算術幾科，相較
湖北存古學堂要少得多。〔註 117〕因爲各所存古學堂間的課程歧異太多，學部
在宣統 3 年頒定了〈修訂存古學堂章程〉，希望能夠將所有存古學堂課程整齊
畫一。學部統一規章的理由，一則是因擔憂各省自行訂定課程，可能會使保
存古學的效果不彰，〔註 118〕另一則也不否認學部是試圖在新舊之中取得平

〔註 112〕張之洞，〈建設存古學堂札〉，頁 15283～15284。
〔註 113〕劉龍心，《學術與制度——學科體制與現代中國史學的建立》，頁 70～71。
〔註 114〕以經學課程爲例，〈奏定中學堂章程〉中學生經學第 1～4 年的課程都是讀《春
　　　　秋・左傳》，每日約讀 200 字，直到第 5 年才改讀《周禮節訓本》，同樣也是
　　　　每日約 200 字。〈奏定高等學堂章程〉的經學大義第 1 年讀《欽定詩義折中》、
　　　　《書經傳說匯纂》、《周易折中》，第 2 年讀《欽定春秋傳說匯纂》，第 3 年讀
　　　　《欽定周禮義疏》、《儀禮義疏》、《禮記義疏》，雖然是比中學堂所學要難得多，
　　　　也遠遠比不上存古學堂第 1 年就需「遍覽九經全文」之困難艱深。張百熙、
　　　　榮慶、張之洞，〈奏定中學堂章程〉，璩鑫圭、唐良炎編，《中國近代教育史資
　　　　料匯編：學制演變》，頁 323～325。張百熙、榮慶、張之洞，〈奏定高等學堂
　　　　章程〉，璩鑫圭、唐良炎編，《中國近代教育史資料匯編：學制演變》，頁 330
　　　　～331。
〔註 115〕劉龍心，《學術與制度——學科體制與現代中國史學的建立》，頁 70。
〔註 116〕〈湖南省官立達材存古學堂一覽表　光緒 34 年下學期〉，國史館藏教育部檔
　　　　《平檔省立湖南存古學堂》，目錄號：195，案卷號：141。
〔註 117〕〈陝西省官立存古學校一覽表　宣統元年〉，國史館藏教育部檔《平檔省立陝
　　　　西存古學堂》，目錄號：195，案卷號：137。
〔註 118〕學部，〈奏修訂存古學堂章程折（並單）〉，潘懋元、劉海峰編，《中國近代教
　　　　育史資料匯編：高等教育》，頁 235。

衡。早在張之洞逝世之前，就恐怕各地存古學堂開設太多，有流於泥古而阻礙新學的憂慮，是以試圖由部定規章，統一各地的存古學堂章程，〔註119〕只不過因張之洞逝世而未及完成，宣統 3 年頒布的〈修訂存古學堂章程〉可說是延續張之洞的規畫。〔註120〕

惟一入民國後，中華民國教育部即下令所有存古學堂皆應停辦，〔註121〕教育部勒令停辦的理由如下：

> 竊普通教育爲共和人民之要圖，造就師資尤教育前途之基礎。存古學堂之設原爲不急之圖，而盧靡鉅資，敷衍歲月，人言嘖嘖，獎實多端。當此共和初布，萬政刷新，應將該學堂即速裁撤，以免靡費。……竊維設學校以造人才，原以應時局之急需。古學即應存在，自是一般研究古學家社會之責任，而非百端待舉之時所宜。〔註122〕

該文指出共和國所最需要者當爲在培養師資，教成國民，以面對時局。至於存古學堂在民國的教育部眼中只不過是虛耗經費的機構，其中要學習的科目根本不能培養任何人才。說穿了，民國教育部認爲古學只需要給研究古學家的人研究即可，一般人不應費力去研究。在民國教育部的表述下，存古學堂要學的古學顯然是具有某種「送進博物館」的性質，〔註123〕背後實是反映出了舊學無用的思維。這樣的思維並不是新共和國一成立就憑空而出，該部文中雖然聲稱「普通教育爲共和人民之要圖」，看似是新成立的共和國有志於普通教育的發展，才會引發對存古學堂的批評，深究其實，早在清末的時人輿論就已經有類似的言論，民國教育部不過是延續此思維而已。

光緒 34 年有人投文於《大公報》，文中批評尊經存古等學堂學生畢業後，不但迂腐無用，還可能詆斥西學，進而與其餘東西洋留學生勢如水火，成爲

〔註119〕〈張相國與存古學堂〉，《大公報》第 2499 號，宣統元年 5 月 19 日，第 4 版。〈存古學堂章程將次頒發〉，《大公報》第 2559 號，宣統元年 7 月 20 日，第 2 張第 1～2 版。

〔註120〕學部，〈奏修訂存古學堂章程折（並單）〉，頁 235。

〔註121〕郭書愚，〈存古學堂述略〉，頁 183。

〔註122〕〈咨據省議會決議裁撤存古學堂請速復　粘條件〉，中華民國元年 5 月 2 日，國史館藏教育部檔《平檔省立山東存古學堂》，目錄號：195，案卷號：140。

〔註123〕這種「送進博物館」的概念可詳見羅志田，〈送進博物院：清季民初趨新士人從「現代」裡驅除「古代」的傾向〉，《裂變中的傳承》（北京：中華書局，2009 年），頁 92～130。

新政之敵。〔註124〕這種視舊學為無用，並且與實用之新學呈現近乎對立的看法，就與民國教育部的理由如出一轍。庄俞（1878～1940），在宣統3年時也發表了〈論各省可不設存古學堂〉一文，他說「惟學術之存亡，又與時、與人有反切之關係，其適用於時與人也，雖至今存可也；其不適用於時與人也，雖現在不能存也。」接著他表示學術之適用與否既然是如此日新月異，不適時的古學就應該在淘汰之列，所謂存古的口號其心可憐，卻萬難成功。〔註125〕照此看來，庄俞甚至還比前述民國教育部的言論更為激進，他認為古學非但完全不合時宜，甚且連保存古學也無其必要。

就上述言論看來，中學無用與中學可能妨礙新學之學習這兩項，可說是存古學堂受到反對的重要原因，也促成了民國建立後存古學堂的被廢止。但設立存古學堂的張之洞，及其餘與張之洞持相同立場的人，未必就有如此的看法。

第三節　保存國粹與存古學堂的設立目的

在第一節中我已經討論了張之洞設立存古學堂的原因，一在於為了與積習過深的書院相區隔，以期學堂能達到育才之效。其次，存古學堂中所要學習的中學乃是專門教育的一種，張之洞認為專門與普通教育兩者應並行不悖，方能同時兼顧經世與保存國粹，是故雖已有普通學堂保存中學，專門中學仍不可廢棄。但是，專門高深之中學，究竟具有什麼重要性值得張之洞一再呼籲必須保存呢？

對張之洞來說，經學之淪亡最有可能的是帶來人倫道德的淪喪，故為世道人心計，維持世教亦是張之洞冀望存古學堂所能達致的目標之一。〔註126〕其實後來於存古學堂中任教者也有這類想法，曾於湖北存古學堂任教的傅守謙就說：「世運之生死，繫乎人心；人心之生死，繫乎學術。外夷交侵，內政不振，此不過一時之禍。至於學術人心之失，則一裂而不可復挽，此數十百年之禍也。」〔註127〕學術既與世道人心息息相關，可說是傅守謙如此重視學

〔註124〕陽霞長溪潘氏稿，〈今日所謂尊經復古果否能挽風俗正人心且徵其往效〉，《大公報》第2000號，光緒34年1月初9日，第8版。

〔註125〕庄俞，〈論各省可不設存古學堂〉，潘懋元、劉海峰編，《中國近代教育史資料匯編：高等教育》，頁257～258。

〔註126〕張之洞，〈創立存古學堂摺〉，頁234。

〔註127〕傅守謙，〈丁酉復姚平吾書〉，《達可齋文初集》卷4（出版地、出版社不詳，民國8年刻本），頁12a。

習中學的理由之一。另一存古學堂教習曹元弼對綱常倫理何以如此重要，有更詳細的申論，他認為三綱五常與時局興衰息息相關，士人為學若不明三綱五常，只會導致「立學愈多，倫理愈晦，人才盡為不義。是偏地皆敵國，而導民以相殺，養虎貽患」。〔註128〕更有甚者，曹元弼甚至認為現今出現的種種革命排滿之說，都是由於「聖道不明」才以致如此嚴重的後果，〔註129〕唯有正學方能夠解決此一困境。

　　張之洞等人這樣的想法，批評者不但有之，亦且未嘗不明白朝廷的「用心良苦」。光緒34年《大公報》就刊載了一篇反對者的文章，說朝廷是冀望以「尊經尚孔」之說，來挽救風俗人心，抵抗排滿革命之風潮。只是這樣的行為在批評者眼中卻是徒勞無功的，該文聲稱這徒然使莘莘學子浪費精力於章句訓詁之中，且所謂的風俗人心根本與尊不尊經無關，若希望進益風俗人心，應當要革除專制、定憲政，使地方有自治之能力。〔註130〕該名批評者雖然否定了朝廷運用尊經尚孔之說來抵禦排滿革命的功效，卻也提示了「排滿革命」之說，確實是張之洞等人除了趨西崇新的風氣之外，另一個要面臨的大敵。劉龍心即認為張之洞提倡的所謂「儒家聖教」，背後有極重要的政治意涵。這種以儒家文化為本位的教育，強調的是「文化」上的認同感，其目的在合滿漢為一國，泯滅滿漢之間的界線，塑造一個「中華民族共同體」。是以劉龍心認為張之洞提倡以中學為體的經學教育，其實目的即在灌輸學堂學生忠君愛國的思想。〔註131〕

　　先姑且撇去上述批評者的質疑不談，存古學堂諸人的確是致力於使中學達到這種忠君愛國的目標。身為存古學堂教習的曹元弼，就闡述了存古學堂的經學、史學與辭章這三科的學習重點，他說：「蓋不通經，則不知君臣父子大義，所以生養保衛，天下蒼生，維繫至重，一日廢墜，民莫得其死。不知史學掌故，則不知古來興亡之故，理亂之迹，與本朝仁政超越前古，國事艱難之日，正臣子效命圖報萬一之時。不明辭章，則永無通經史之日，明倫理之日，昏迷狂悖，納諸罟擭陷阱之中而不知避。」〔註132〕曹元弼認為，經學

〔註128〕曹元弼，〈書孫氏周禮正義後〉，《復禮堂文集（一）》，頁388。
〔註129〕曹元弼，〈上陸鳳石相國書〉，《復禮堂文集（一）》，頁887。
〔註130〕陽霞長溪潘氏稿，〈今日所謂尊經復古果否能挽風俗正人心且微其往效〉，第8版。
〔註131〕劉龍心，〈晚清民族觀念的蛻變與重塑——以新式學堂教育為對象的察考〉，《輔仁歷史學報》6（臺北：1994年），頁237～244。
〔註132〕曹元弼，〈書張相國奏立湖北存古學堂摺後〉，頁838～839。

的學習目標首在倫理大義，以爲維繫天下人心的根本。史學則重在以史爲鑑，
同時培養臣民忠君愛國的心理。至於辭章，則是學習經史的必要工具。這三
科皆同等重要，而目標同樣都指向維繫儒家綱常倫理（尤其是君臣之綱）以
正人心一事。

　　非惟如此，張之洞等人亦從如何爲學的角度談及正人心之道。張之洞指
出：「孔子所言『溫故而知新』一語，實爲千古教育之準繩。所謂故者，非陳
腐頑固之謂也。蓋西學之才智技能，日新不已，而中國之文字經史，萬古不
磨，新故相資，方爲萬全無弊。」〔註133〕此言實是延續張之洞擬定創設學堂
時「體用兼備」的一貫思維，再進而申論中學之作爲西學根柢的重要。〔註134〕
但是張之洞所著墨的不只在於「溫故知新」的爲學之方而已，而是在於最後
一句新故相資，方能「萬全無弊」上。以下再來看看曹元弼的說法，他說：「則
古存而新從之，天下之善爲新學者，莫學古者若也。由古而新，新乃有用；
與古爲新，新乃無弊。」〔註135〕在曹元弼的解釋中，古學並非有礙於新學的
發展，反而是想發展新學必有賴於古學，故善爲新學者亦必嫺熟於古學，這
與張之洞所謂「溫故知新」的爲學之法相同。曹元弼也不忘宣稱：如此一來
「新乃無弊」。到底張之洞與曹元弼所謂的「無弊」，指的是什麼？曹元弼的
另一段話可能提供了解釋。他在這段話中批評不知古學者將會「心術不正，
古學不明，並無新學之實，而徒竊新名。」〔註136〕無新學之實的主要罪狀是
因爲不知古學，古學不明又與「心術不正」相勾連，可見曹元弼心目中的新
學必得以古學與「心術正」爲基礎，否則不可稱之爲「新」。〔註137〕所以曹元

〔註133〕張之洞，〈創立存古學堂摺〉，頁233。

〔註134〕若單以「溫故知新」此觀點而論，廣東存古學堂的楊壽昌也具有類似的想法，
　　　　他說：「誠齋《易傳》，治國欲新，爲學欲新，進德欲新。曰作新民，治國欲
　　　　新也。曰溫故知新，爲學欲新也。曰德日新又新，進德欲新也。六四之井甃，
　　　　其進德之新乎。甃此覺而修之也。井一修，則舊井爲新；井德一修，則舊學
　　　　有新功。」又如王仁俊也曾讚歎日本變法之所以能夠成功的原因之一在其能
　　　　調停新。楊壽昌，《經學大義·周易》（出版地不詳：高等學堂，清宣統間鉛
　　　　印本），頁30b。王仁俊，《闢謬篇·卷上》（出版地從缺：存古學堂，清光緒
　　　　34年鉛印本），頁20a～20b。

〔註135〕曹元弼，〈書張相國奏立湖北存古學堂摺後〉，頁821～822。

〔註136〕曹元弼，〈存古學堂策問〉，《復禮堂文集（一）》，頁706～708。

〔註137〕余英時認爲中國傳統本來就是強調有「因」亦有「革」，保守與創新並存，是
　　　　以曹元弼的這種想法也含有中國傳統的因素。余英時，〈「創新」與「保守」〉，
　　　　《中國文化與現代變遷》（臺北：三民書局，1995年），頁105～106。

弻又說：「眞知古學者，必能新；眞知新學者，必明古。否則守舊祗以守弊，作新乃以作亂。」〔註138〕顯然新古兼具方能避免抱殘守缺以及以新爲亂的可能。

　　「忠君愛國」思想的培養，不只是藉由「溫故知新」的爲學之道來達成而已。在〈創立存古學堂摺〉伊始，張之洞就這樣說道：

> 國文者，本國之文字語言，歷古相傳之書籍也。即間有時勢變遷，不盡適用者，亦必存而傳之，斷不肯聽其漸減。至本國最爲精美擅長之學術、技能、禮教、風尚、則尤爲寶愛護持，名曰國粹，專以保存爲主。〔註139〕

張之洞在此將存古學堂所要保存的中學稱之爲「國文」與「國粹」，不論以「國粹」或「國文」指稱「中學」，都顯示出時人特別關注國家與學術間的關係。〔註140〕其中「國粹」一詞是由日本而來，〔註141〕有學者指出日本國粹思潮約在甲午後，因留日學生遽增而影響及於中國。首次公開介紹日本國粹主義者爲黃節（1873～1935），清廷官方言論首次提到國粹一詞當爲光緒29年（1903）的〈學務政綱〉，嗣後朝野廣爲傳播。〔註142〕當然「國粹」之如何定義，端視立言者不同而有歧異，〔註143〕以張之洞所言，其所指之國粹包含「學術、技能、禮教、風尚」，這些都是存古學堂所要保存的目標。至於「國文」一詞的

〔註138〕曹元弼，〈存古學堂策問〉，頁706～708。

〔註139〕張之洞，〈創立存古學堂摺〉，頁231。

〔註140〕羅志田，《國家與學術：清末民初關於「國學」的思想論爭》，頁20。詳論見羅志田此書第二章。

〔註141〕宋恕（1862～1910）曾謂國粹一詞乃由日本出，他說：「彼國自尊攘後，教育學家分爲國粹主義、歐化主義兩派。所謂國粹主義者，以保存神、儒、佛之粹美爲主義者也。」宋恕，〈上東撫請奏創粹化學堂議〉，《宋恕集》（上冊）（北京：中華書局，1993年），頁372。

〔註142〕鄭師渠，《晚清國粹派：文化思想研究》，頁6～7。鄭師渠亦比較了當時中國、日本兩國國粹派出現之背景及其目的的不同，見鄭師渠，《晚清國粹派：文化思想研究》，頁50～54。羅志田則指出「國粹」一詞在晚清朝野風靡一時，乃因國粹較「國學」或「中學」兩者，似乎更具時代適應性，不至於讓人立即聯想到中學之無用。羅志田，《國家與學術：清末民初關於「國學」的思想論爭》，頁32。關於從「中學」到「國粹」的轉變，以及清末國粹學派關於「國粹」的論述，亦可見羅志田此書第一章。

〔註143〕比如章太炎就更強調「並非所有中國固有之歷史文化皆是粹」這一點，黃節則認爲「不分中外所有有益的文化」皆可爲國粹，是以外國之粹只要適於現今中國可用者，亦可爲國粹。詳見鄭師渠，《晚清國粹派：文化思想研究》，頁100～103。

運用，羅志田認爲這大約亦是受日本國粹派的影響，另一則因西方民族主義
視語言爲「民族」要素之一，是故語言文字的重要性在清末陡增。〔註144〕張
之洞釋國文爲「本國之文字語言，歷古相傳之書籍」〔註145〕，甚至特別聲明
就算「不盡適用，亦必存而傳之，斷不肯聽其漸滅」。張之洞這段話透露出另
一項訊息，即他要保存的「中學」遠非只有在正人心上最具功效之經書而已。
在算學一科上，張之洞即擬定入堂後三年應研究「國朝各家算術遞溯，元明
歷漢唐以至三代上古算術，以存中國古法」，〔註146〕只是因古算術爲「中國古
法」，是以必須保存。流風所及，日後趙爾巽還要求王仁俊訪聘雅樂教習二名，
期能保存鐘鼓琴瑟等古音古樂，「以副存古之實」。〔註147〕

　　古算乃至古樂等「國粹」皆須保存的背後，實具有更深一層的含意。張
之洞說明他保存國粹的最終目的其實是爲了：「養其愛國之心思，樂群之情
性，東西洋強國之本原，實在於此，不可忽也。」〔註148〕很顯然培養國民
的愛國心仍是張之洞如此重視國粹的原因之一，且在愛國之外，還增加了尋
求強國這一目的。是以「保存國粹」雖然「以保存爲主」，但保存絕非其最
終目的，而是藉由保存國粹以培養愛國的實際功效。愛國之後國家方能強
盛，保存只是在此之前的一種手段，〔註149〕張之洞甚至還說這是「東西洋
強國之本原」，援外國以爲例，證明保存國粹在使人民愛國與強國上的確是
具有重要地位的。

　　實則將中學與強國聯繫在一起的觀點，亦是清末士人引日本國粹主義者
爲例才有的邏輯，日本之例還對中國保存國粹形成某種「典範」作用。〔註150〕

〔註144〕羅志田，《國家與學術：清末民初關於「國學」的思想論爭》，頁145～147。
　　　　清末其餘時人關於「國文」的論說亦可參見羅志田本書此節。
〔註145〕張之洞就企圖在湖北存古學堂建造書庫，內儲古籍、金石、名人翰墨、前代
　　　　禮器等物。嗣後張之洞也實際託人購置各種古籍，存放於湖北存古學堂中書
　　　　庫，以供諸生閱覽。張之洞，〈創立存古學堂摺〉，頁232。〈紀存古學堂之籌
　　　　畫〉，《大公報》第1839號，光緒33年7月16日，第4版。
〔註146〕張之洞，〈建設存古學堂札〉，頁15285。
〔註147〕〈別錄：存古學堂添授古樂〉，《四川教育官報》第8期，光緒34年，頁6a。
　　　　（「晚清期刊全文數據庫」http://www.cnbksy.cn/shlib_tsdc/index.do）
〔註148〕張之洞，〈創立存古學堂摺〉，頁231。
〔註149〕至於愛國之後國才能強的想法，大約來自梁啓超在清末的提倡。王汎森，〈晚
　　　　清的政治概念與新史學〉，《近代中國的史家與史學》（香港：三聯書店，2008
　　　　年），頁17。
〔註150〕羅志田，《國家與學術：清末民初關於「國學」的思想論爭》，頁94～95。

劉師培（1884～1919）在建議端方設立存古學堂的上書中說：「試觀日本維新，尊王大義，竊取春秋俠義之士，身所執持，不外宋明儒術，此又中國學術足以效用之證也。」其言論中就以日本的尊王攘夷作爲中國學術有用之例證。劉師培亦再以當前歐美各國爭治中國古學來印證中學的重要性，說若中國不自我愛惜中學，勢將引起他國的譏誚。〔註151〕

受到張之洞的影響，後續倡議存古學堂者也相當強調保存國粹對國家的重要性。〔註152〕如廣東提學使蔣式芬（1851～1922）就在〈存古學堂招考示〉中說：「國粹首應保存，泰遠東西，自強所本。」〔註153〕蔣式芬此言顯然是脫胎自張之洞〈創立存古學堂摺〉。對於中國典籍只需保存適用於當代的部分即可的主張，四川提學使趙啓霖（1859～1935）亦反駁說：「不知中國之所以立國，既在文教，若矩數千年優美獨到之處，任其消蝕，將來更無以動人民思古之念，而激志士愛國之心。故普通之文學，以適用爲宜；而精詣之文學，尤以保粹爲要。」〔註154〕趙啓霖之「粹」乃涵括所有中國固有之文教，非僅僅是「菁華」而已。正因如此，他認爲所有這些「粹」皆應保持，而非只是選擇適用者，方能激發人民思古愛國之心。保存國粹能夠達致愛國強國的想法，可說是存古學堂冀圖維持人心以培養忠君愛國精神的延伸，同時也是存古學堂具有「實用性」的證明。故存古學堂的創立實具有極爲現實的意涵，這顯然與清廷所欲抵禦的排滿革命風潮有關。

既然存古學堂成立的目的之一是在忠君愛國，那麼與國粹學派的不同就很

〔註151〕劉師培，〈上端方書〉，《劉申叔先生遺書（三）》（臺北：京華書局，1970年），頁1975。梁鼎芬亦曾援引日本之例，藉此證明中學的重要性。他奏請設立曲阜學堂的原因之一即爲：「日本講求孔子之學，有會有書，其徒如雲，其書如阜，孔教至爲昌盛。我中國尊崇孔子數千年，不能過之，實爲可恥可痛。」梁鼎芬，〈請建曲阜學堂摺（附片一）〉，《節庵先生遺稿》（香港：楊敬安，民國年間），頁6。

〔註152〕某些並不以「存古學堂」爲名，但同樣以學習中學爲主之學校也有類似的看法。如趙炳麟在奏設國學專門時便說：「東西各國之爲治也，其扣取他國科學，固日新月異，而於本國固有之學理，無不寶貴珍重，謂之保存國粹，所以堅國民之愛國心也。」趙炳麟，〈請立國學專門疏〉，《趙柏巖集（二）》（臺北：文海出版社，1969年），頁957。

〔註153〕蔣式芬，〈廣東提學使開辦存古學堂招考示（附簡章）〉，潘懋元、劉海峰編，《中國近代教育史資料匯編：高等教育》，頁253。

〔註154〕趙啓霖，〈公牘：本署司詳請奏設存古學堂文（簡章附）〉，《四川教育官報》第72期，宣統2年，頁2b～3a。

顯而易見了。章太炎（1869～1936）曾經對爲什麼要保存國粹有一個開宗明義的聲明，他說：「爲甚提倡國粹？不是要人尊信孔教，只是要人愛惜我們漢種的歷史。」〔註155〕章太炎又同時宣稱：「逐滿復漢，正是（我們）分內的事。」〔註156〕這很顯然和清廷提倡保存國粹以抵禦排滿革命，是站在截然相反的立場，國粹學派更爲強調「漢族」本位的國粹，是將國粹做爲排滿革命的工具。這點在鄭師渠的書中說得很清楚，鄭師渠認爲：「中國的國粹思潮，與其說是針對歐化主義而發，不如說首先是應乎排滿革命的需要而起。」〔註157〕這就點出了官立的存古學堂與革命派的國粹學派政治立場的差異所在，也就是基於這種排滿的目的，國粹學派等人的「國粹」，其實和張之洞、趙啓霖詮釋的「所有中國固有之文教」有著極大的差異。在國粹學派眼中，中國文化也有無益的部分，並非能夠全部都稱作「國粹」，這即是相對於「國學」的「君學」。國粹學派提出君學的主要目的，其實是在批判中國自秦漢以降的君主專政，並且呼應他們的排滿革命主張。〔註158〕國粹學派的觀點，顯然與張之洞等人保存國粹以培養忠君愛國之思完全背道而馳，政治立場的有別終究會影響到保存國粹上的具體論述，亦可見政治立場的差異影響學術觀點之一斑。

　　當然，不可否認國粹學派成立的原因之一，與張之洞等人同樣都是爲了面對當時過度崇拜歐化，以至於反失去中國之根的社會世風。對於如何應對清末中國面臨的變局，國粹學派諸人也曾有過思考。〔註159〕黃節就提出了這樣的因應之道：「本我國之所有而適宜焉者，國粹也；取外國之宜於我國而吾足以行焉者，亦國粹也。」〔註160〕簡言之，國粹學派乃是將國粹視爲「適合現代中國需要不分中外的一切有益的文化。」〔註161〕這說明國粹學派的國粹其實有向西學開放的成分，他們認爲純粹的中學無法適應時代的需求，但是國粹學派又爲了適應西學的衝擊，於是以「地域」來界定國粹的範疇。在國粹學派的論述中，只要是在中國的地域裡，不分中學或西學，適合中國者皆

〔註155〕章太炎，〈東京留學生歡迎會演說辭〉，湯志鈞編，《章太炎政論選集（上）》（北京：中華書局，1977年），頁276。
〔註156〕章太炎，〈東京留學生歡迎會演說辭〉，頁275。
〔註157〕鄭師渠，《晚清國粹派：文化思想研究》，頁51。
〔註158〕鄭師渠，《晚清國粹派：文化思想研究》，頁102～105。
〔註159〕羅志田，《國家與學術：清末民初關於「國學」的思想論爭》，頁81。
〔註160〕轉引自羅志田，《國家與學術：清季民初關於「國學」的思想論爭》，頁78。
〔註161〕鄭師渠，《晚清國粹派：文化思想研究》，頁101。

可稱之爲「國粹」。〔註 162〕這種觀點大概也不會是冀圖以國粹激發人民思古之幽情，並且以自古相傳之文化、風俗爲中國立國之本的張之洞等人所會同意的。

　　以上這些言論，看似彷彿張之洞等人僅是爲了意識形態上的考量，才會設置存古學堂。但是一如第一節所說，存古學堂之設亦力圖於實際的經世致用，除了這種「意識形態」上的目的，在具體的學習科目上，張之洞在章程中也不忘強調其實用之處。如經學科第 7 年的學習項目，張之洞就要求學生要「專考求本經自古及今致用之實效見於史傳群書者」，〔註 163〕史學科前 3 年必須「點閱考核全史之書有關致用者」，〔註 164〕詞章科第 7 年則需「專考古今詞章之有益世用者」，〔註 165〕他強調學生要學習經學、史學與詞章的可致用之處，而其學習內容如史學科第 7 年需「專考所習何史，此數朝得失治亂之大端，或與今日相類之處，或與今日相反之處，可爲今日法戒者。」〔註 166〕其言中皆透露出一種以致用爲依歸的訊息。

　　上述這樣的觀點，也就可以解釋何以張之洞在存古學堂學習時數不足的狀況下，仍堅持於其中設置西學科目。雖然張之洞說這是爲了「俾不致流爲迂拘偏執，爲談新者所詬病」，〔註 167〕聽來似乎是消極防範談新學者的意義居多，若以張之洞當時辦理學堂的情形視之，中西兼習乃是當時學堂的普遍狀況，存古學堂既名爲「學堂」，似乎亦該比照辦理。再深查張之洞摺中所言，於存古學堂中設西學實具有更積極的寓意。張之洞在〈創立存古學堂摺〉曾對學堂學生畢業後的考核有如下但書，他說由於存古學堂的鐘點已滿，因此擬於學堂附近設立外國語學堂，准學生自行前往兼習。兼習者可比照高等學堂畢業獎勵，並准送入文科大學堂與通儒院就讀。不兼習外國語亦可，但是獎勵須比兼習者量減一等，以有無兼習洋文決定學生的畢業升遷考核。〔註 168〕若執張之洞同時期的其他言論以視之，可以更清楚張之洞的用意所在。他在答覆冀圖恢復科舉者的奏摺中說過：「至謂科舉與科學並行，中學與西

〔註 162〕羅志田，《國家與學術：清末民初關於「國學」的思想論爭》，頁 71～79。
〔註 163〕張之洞，〈建設存古學堂札〉，頁 15283。
〔註 164〕張之洞，〈建設存古學堂札〉，頁 15284。
〔註 165〕張之洞，〈建設存古學堂札〉，頁 15285。
〔註 166〕張之洞，〈建設存古學堂札〉，頁 15284。
〔註 167〕張之洞，〈創立存古學堂摺〉，頁 234。
〔註 168〕張之洞，〈創立存古學堂摺〉，頁 234。

才分造尤非通論。……中外政治藝術，貴在得其會通，庶可措之實用。若中
學與西才分造，勢必各得一偏，永無融會貫通之一日，似非造就人才之本意。」
〔註169〕對張之洞而言，真正的人才勢得「中西會通」，單學中學或只習西學
皆非良策。張之洞也對存古學堂所出之學生寄予極大之厚望，冀盼他們將來
能夠「有所大用」，〔註170〕故存古學堂與其他普通學堂體用兼備的設置目標
是同樣的思維。根據張之洞這樣的觀點，也就不難理解何以兼習洋文者會得
到較優渥的待遇。時人亦曾謂張之洞設置存古學堂旨在使中學與西學互相補
益，各有深意，不相菲薄，〔註171〕以張之洞的本意來說，確實如此。張之
洞既然有此理想，身為存古學堂教習的曹元弼，在贈與江蘇存古學堂畢業生
之言中就說：近年來中國禍亂迭起，「蓋由於質性謹厚者，不求實學，不知
時務；而涉獵新說者，非設心剖測，即知識未定之人。教之之道，惟在以心
術正學術正之人，講求當世之務，使國家有可用之人才，儒者有濟變之方略。
不於諸君子期之，而誰期耶！」〔註172〕顯見曹元弼對存古學堂學生的期待，
乃與張之洞最初設立存古學堂的目的相呼應，並非僅僅是保守舊學而已，除
了維持正學之根柢，曹元弼亦冀望這些學生能夠救時應變。

　　以上討論了從張之洞的教育觀到設立存古學堂的目的，但是這只是存古
學堂設立的主要宗旨，難見學堂中人具體的思想學術風貌。以下就將以孫德
謙、張爾田二人合著的《新學商兌》及其學術觀點為核心，以見存古學堂學
人的具體學說。

〔註169〕學部，〈議覆中書黃運藩整頓學務請復科舉摺〉，憲政編查館編，《政治官報》
　　　　第16號，光緒33年10月5日（臺北：文海出版社，1965年），頁66。
〔註170〕張之洞，〈創立存古學堂摺〉，頁234。
〔註171〕〈讀南皮尚書建置存古學堂札文〉，《江西官報》第1期，光緒31年，頁2a。
　　　　（「晚清期刊全文數據庫」http://www.cnbksy.cn/shlib_tsdc/index.do）楊士襄欲
　　　　仿存古學堂奏設國文學堂時，也說國文學堂所學非只舊學而已，「取外國之學
　　　　以相助，而吾學益廣；取外國之文以相較，而吾文亦尊，豈得守拘墟之見，
　　　　姝姝然樂己而自足哉。」因此國文學堂以學中學為主，亦兼旁及西學。楊士
　　　　襄，〈設國文學堂文〉，《廣益叢報》第148期，光緒33年，頁2b～3a。（「晚
　　　　清期刊全文數據庫」http://www.cnbksy.cn/shlib_tsdc/index.do）
〔註172〕曹元弼，〈贈江蘇存古學堂畢業諸生言〉，《復禮堂文集（一）》，頁916。

第三章　孫德謙、張爾田的學術與《新學商兌》中的學術批評

　　若站在清廷的立場來看，戊戌變法可說是清末一次重要的政變，康有為等變法人士亦是被清廷以「逆黨」視之。康有為戊戌變法喧騰一時，作為其維新變法理論基礎的《新學偽經考》與《孔子改制考》亦在學術界引發的不少的論爭與批評。存古學堂學人中亦有不同意其學術觀點，而加以駁斥者。本章聚焦在孫德謙、張爾田二人所著之《新學商兌》（該書原名《辨宗教改革論》）上，以此進行存古學堂學人思想學說的個案討論。《新學商兌》乃由孫德謙辨正，張爾田申義，成於光緒 32 年，光緒 34 年由蘇州存古學堂排印，民國 24 年（1935）再次重行刊刻。[註1]《新學商兌》全書旨在辯駁梁啟超〈論支那宗教改革〉，並對〈論支那宗教改革〉有疑義之處逐條加以駁斥，只是學術界對於此一重公案似乎少有人論及。本章即擬由純粹學理方面的爭論，探究曾任職江蘇存古學堂的孫德謙、張爾田二人，是如何援用中國學術以求經世，並排擊康梁等人的「邪說」？孫德謙與張爾田二人的學說，在清末的學術發展上又具有什麼樣的特色與意義？惟《新學商兌》一書由孫德謙與張爾田合著，兩人的學術所長卻不盡相同，張爾田所謂：「余友元和孫君益葊以明經績學工文，與余同讀書二十餘年，余紬繹六藝百家微言，益葊則篤好專在諸子。」[註2] 故本章對兩人所論各有側重，視兩人學術立場相同則一。

〔註1〕本文所用為民國 24 年版，現藏於中國國家圖書館。孫德謙、張采田著，《新學商兌》（出版地、出版社不詳，民國24年刻本）。
〔註2〕張爾田，《史微》（上海：上海書店出版社，2010 年），頁 3。

　　〈論支那宗教改革〉與《新學商兌》既爲本章的主要討論對象，以下先
簡介這兩分史料。〈論支那宗教改革〉成於光緒 25 年，應是梁啓超在戊戌政
變後逃亡日本時所做。該文源於梁啓超應日本哲學會會員姊崎正治（1873～
1949）之邀請，前赴哲學會演說康有爲的哲學觀，爾後成爲〈論支那宗教改
革〉這篇文章，發表在《清議報》第 19、20 冊上。〈論支那宗教改革〉大體
可分爲兩部分，第一部分講述孔門學術的傳授系譜，第二部分講述孔教之特
徵。〔註3〕該文雖旨在講述康有爲之哲學觀，亦可視爲是梁啓超對康有爲思想
理解並接受的部分。

　　時隔 7 年之後，孫德謙與張爾田寫作了《新學商兌》一書。由該書序言
看來，他們二人撰寫該書的主要動機，乃是有感於康梁二人的變法革命淆惑
眾聽，故爲文辯之。〔註4〕孫張二人的傳記與行狀中亦皆曾論及《新學商兌》
之寫作緣由，王蘧常（1900～1989）謂孫德謙因「時上媚梟說，視舊學若土
梗，先生憂之，與孟劬太守合著《新學商兌》以辟之」。〔註5〕同樣的，鄧之
誠（1887～1960）亦言張爾田「早歲憤梁啓超輩異說惑世，因撰《新學商兌》
一卷」，〔註6〕兩人皆強調《新學商兌》乃爲存正道、辟邪說而作。惟《新學
商兌》成書時間已去戊戌變法有 8 年之久，距離他們要辯駁的〈論支那宗教
改革〉成文時亦有 7 年，個人並未找到資料可說明何以《新學商兌》會隔如
此久才對梁文進行回應，此書出版之後，梁啓超亦無所置辯，故本章只就孫
德謙、張爾田二人的視角進行討論。

第一節　張爾田的今文經立場與對《公羊》改制說的批評

　　蔡長林曾認爲清末的今文學自從梁啓超在《清代學術概論》中排出所謂
「正統傳承系譜」後，被排除在此系譜之外的今文學者率皆處於「失語」的

〔註3〕梁啓超，〈論支那宗教改革〉，橫濱新民社輯印，《清議報全編》卷 1（臺北：
　　　　文海，1985 年），頁 32～40。後該文收錄於《飲冰室文集》第二集中，本文
　　　　主要徵引自《飲冰室文集》的版本。梁啓超，〈論支那宗教改革〉，《飲冰室文
　　　　集（二）》（臺北：臺灣中華書局，1960 年），頁 54～61。
〔註4〕孫德謙、張采田著，《新學商兌‧序》，頁 1b～2b。
〔註5〕王蘧常，〈清故貞士元和孫隱堪先生行狀〉，頁 630～635。
〔註6〕鄧之誠，〈張君孟劬別傳〉，頁 451～452。

狀態，而被後來的學術研究所輕忽，張爾田即可說是其中一例。〔註7〕王蘧常
論張爾田之學術脈絡有言曰：「有清會稽章實齋先生創『六經皆史』之誼，……
繼之者則龔定盦禮部，其邑人夏穗卿復張其說，而爲之後勁者則張孟劬先生
也。」〔註8〕言中指出張爾田的學術乃承章學誠（1738～1801）與龔自珍之學
而成，而主要爲張爾田所承繼者即爲「六經皆史」之說。張爾田之學術代表
作《史微》首即開宗明義指出「六藝皆史」，〔註9〕顯然脫胎自章學誠的「六
經皆史」說，此觀點更成爲《史微》全書的立論基礎。張爾田生平著作亦以
史學著作爲多，〔註10〕鄧之誠就稱張爾田能夠「光大浙東史學」，且其《史微》
乃是「本章學誠之旨，求證於群經諸子，窮源竟委」，〔註11〕以上皆可見在史
學上，張爾田實與章實齋較爲接近。〔註12〕

　　惟張爾田曾自陳其學說「從實齋出，不從實齋入」，〔註13〕表明其學說與
章學誠並不全然吻合。再看看張爾田在閱畢章學誠《文史通義》、《校讎通義》
後，批評章學誠「知史而不知經」，〔註14〕似乎在經學上，張爾田並不如此服
膺章學誠的學說，這也可以解釋何以張爾田會有學「從實齋出，不從實齋入」
的自陳了。〔註15〕張爾田對章學誠經學的批評，應由其對經學的態度切入，
方能有更深一層的了解。張爾田題莊存與《味經齋遺書》有言曰：

> 莊先生深於今文家法，……先生猶子葆琛氏，及劉、宋諸儒，皆從
> 先生出，始以今文學起其家。其別子爲江都凌氏，傳陳卓人先生。
> 門人有孔廣森、邵晉涵。廣森別名他師，晉涵頗究心義訓，不欲以
> 考據學自畫，是爲先生之道與浙學棣通之始。其後仁和龔氏、邵陽
> 魏氏，皆私淑而有得者，以其所術，一變至史。龔氏之後，爲譚仲

〔註7〕蔡長林，〈「六藝由史而經」——張爾田對經史關係之論述及其學術歸趨〉，《從
　　　文士到經生——考據學風潮下的常州學派》（臺北：中央研究院中國文哲研究
　　　所，2000年），頁464～465。
〔註8〕王蘧常，〈錢塘張孟劬先生傳〉，頁1362。
〔註9〕張爾田，《史微》，頁1。
〔註10〕關於張爾田的史學著作及史學思想參見陳秋龍，〈張爾田的經史思想與文化關
　　　懷〉，頁75～102。
〔註11〕鄧之誠，〈張君孟劬別傳〉，頁450。
〔註12〕陳秋龍，〈張爾田的經史思想與文化關懷〉，頁75。
〔註13〕轉引自陳秋龍，〈張爾田的經史思想與文化關懷〉，頁119。
〔註14〕張爾田，〈屛守齋日記〉，《史學年報》2：5（北平：1938年），頁341。
〔註15〕陳秋龍對此有更詳細的解釋，見陳秋龍，〈張爾田的經史思想與文化關懷〉，
　　　頁121～122。

修……余生平治學，涂轍宗會稽章氏，而於先生書，則服膺無間然，
尋誦再周記之。〔註 16〕

蔡長林認為，此段話中張爾田記述龔自珍與譚獻之學，是著重在浙東與常州
學術的合流上，故有「以其所術，一變至史」之言。正如前述王蘧常之論，
張爾田的學術脈絡既有龔自珍的淵源，〔註 17〕這段話亦在表明張爾田自身的
學術立場，乃在融合浙東史學與常州今文經學。張爾田自己也曾說他在撰寫
《史微》時「頗救正今古文家末流之失」。〔註 18〕故試圖融合浙東史學與常州
今文經學之張爾田，亦是在試圖調和今古文之爭，此可說是張爾田學術的終
極關懷。〔註 19〕

常州今文學與浙東的融合，表現在張爾田的學說中，是「根據經學今、
古文之概念論定章學誠六經皆史之論為古文說，其次，以今文《公羊》家言
取代章學誠所主古文《周官》之言，作為其經史關係演變的理論軸心」。〔註
20〕正如蔡長林所言，張爾田在其學術代表作《史微》中修正「六經皆史」說
為「六藝由史而經」，其實就是意圖以今文經學修正章學誠的理論，〔註 21〕此
即可見常州今文對張爾田的影響，《史微》一書更是全以《公羊春秋》為根基。
〔註 22〕

這種篤信《公羊》的態度，正可見張爾田立場相較其他批評康梁學說者
的特殊之處。康有為《新學偽經考》一出即引致多方非議，如朱一新（1846
～1894）、葉德輝（1864～1927）與張之洞等人皆曾抨擊康有為之說。而在批
評康有為之餘，他們亦不免對《公羊》有所微辭。葉德輝就曾表示《公羊》
口說與《左傳》雖皆傳《春秋》，然而「口說托之傳聞，失多而得少；傳記托

〔註 16〕 王鍾翰錄，〈張孟劬先生邐堪書題〉，《史學年報》2：5（北平：1938 年），頁
399。

〔註 17〕 張爾田論學亦頗右譚獻之說，見蔡長林，〈「六藝由史而經」──張爾田對經
史關係之論述及其學術歸趨〉，頁 472。

〔註 18〕 王鍾翰錄，〈張孟劬先生邐堪書題〉，頁 394。

〔註 19〕 蔡長林，〈「六藝由史而經」──張爾田對經史關係之論述及其學術歸趨〉，頁
490。

〔註 20〕 蔡長林，〈「六藝由史而經」──張爾田對經史關係之論述及其學術歸趨〉，頁
475。

〔註 21〕 蔡長林，〈「六藝由史而經」──張爾田對經史關係之論述及其學術歸趨〉，頁
478。

〔註 22〕 錢基博，〈近代提要鈎玄之作者〉，錢基博著，曹毓英選編，《錢基博學術論著
選》（武漢：華中師範大學，1997 年），頁 156。

之載筆，得多而失少，況今日羣經，如日再中，何假口說？」〔註23〕葉氏本
一古文經家，對口說無甚好感，他認爲口說所傳之經義托於傳聞居多，遠比
不上傳記之眞確無誤。〔註24〕葉德輝又進一步宣稱：「大抵《公羊》之學，便
於空疏，沈文起所謂『書短而易習，義淺而易推』者，兩漢《公羊》大師均
不能出此評論。近世所謂『微言大義』之說者，亦正坐蹈斯病。」〔註25〕葉
氏本對兩漢《公羊》學就已不表認同，認爲《公羊》易流於空疏，亦無甚「深
義」可言。葉德輝甚至曾貶《公羊》與《春秋繁露》爲漢人雜纂之書，〔註26〕
其鄙夷口說可見一斑。康說一出，就更是坐實了葉德輝對《公羊》的指摘。
張之洞亦是以批評《公羊》而著稱，張之洞曾暗指康有爲《公羊》之說，是
使「孔子作《春秋》而亂臣賊子喜也」，〔註27〕暗諷康有爲的《公羊》說是爲
亂臣賊子張目。非惟如此，張之洞還說《公羊》中之文王受命、孔子稱王等
等，皆是秦漢經生所做之緯書，目的在於諂媚王莽，連《公羊》作爲「經」
的合法性基礎也一概予以否定。

　　以今文《公羊》爲學術基礎之一的張爾田，自然不會同意上述對《公羊》
的批評。其實在張爾田早年所著之〈屛守齋日記〉中，〔註28〕已不時表露出
對《公羊》的維護。如張爾田就在閱畢顧棟高之《春秋大事表》後表示：「此
眞以史治《左氏傳》者，惟嫌其好訶《公》《穀》，殊多事。」〔註29〕在閱畢
朱一新《無邪堂答問》後，張爾田則說：「余謂朱氏論學多漢宋騎牆之見，……
至其箴貶常州莊劉《公羊》之學，所謂強不知以爲知者也。」〔註30〕可知張

〔註23〕葉德輝，〈《輶軒今語》評〉，蘇輿編，《翼教叢編》（臺北：中央研究院中國
　　　　文哲研究所，2005年），頁152。
〔註24〕類似的看法亦見葉德輝爲批駁梁啓超〈讀西學書法〉而寫的〈讀西學書法書
　　　　後〉，葉德輝說：「口說多出於後學之傳述，傳記多出於及門之載筆，此其大
　　　　略也。然口說經數傳，則失其本旨，如《春秋繁露》改制之類，《公羊》注家
　　　　三世之目，此類異義，適足便奸人亂法之謀，烏足以云經世？」可見葉氏根
　　　　本是不認同《公羊》改制或三世之說。葉德輝，〈讀西學書法書後〉，蘇輿編，
　　　　《翼教叢編》，頁262。
〔註25〕葉德輝，〈與石醉六書〉，蘇輿編，《翼教叢編》，頁341。
〔註26〕葉德輝，〈與段伯猷茂才書〉，《翼教叢編》，頁375。
〔註27〕張之洞，《勸學篇·宗經第五》，頁48。
〔註28〕張爾田自謂〈屛守齋日記〉乃「三十五歲以前瀏覽羣書，隨筆胠錄之作」，張
　　　　爾田，〈屛守齋日記〉，頁369。
〔註29〕張爾田，〈屛守齋日記〉，頁346。
〔註30〕張爾田，〈屛守齋日記〉，頁341。

爾田認為朱一新亦是無法跳脫漢宋之爭的偏見，甚且執此偏見攻擊常州《公
羊》之學，根本是以不知為知之。〔註31〕是故，張爾田就指出葉德輝反駁康
有為之辭，「於六藝諸子之大義微言及今古文之界限，全未究心」，他認為葉
德輝仍舊無法跳脫今古文之爭，完全是以古文家之立場批評康有為的學說。
張爾田又說葉德輝於康梁所表章者如龔自珍、魏源等一概加以排詆，甚至波
及《公羊》本身，是「直欲盡滅《春秋》一經而後快」，此言批駁葉德輝頗為
嚴厲。〔註32〕此尤可見張爾田之《公羊》立場。張之洞、朱一新與葉德輝等
人批評康梁的文章後來主要收錄於《翼教叢編》，可說《翼教叢編》的立場較
傾向反《公羊》，是故關於《公羊》的不同見解，正可彰顯張爾田與《翼教叢
編》諸作者立場的差異。

　　由上述張爾田對朱一新與葉德輝的批評看來，已可見張爾田雖然自稱「權
衡今古」，對古文並不完全同意。尤其他說葉德輝不明六經諸子之大義微言，
是自限於古文家之立場，這也不是張爾田對古文家唯一的批評。同樣在〈屑
守齋日記〉中，張爾田說過這樣的話：「自廖平輩出而今文弊矣，自章枚叔輩
出而古文又弊矣。今文之弊易見，古文之弊難見；易見其患淺，難見其患深。
患淺者不過亡國而已，患深者且將滅種。道之興廢，豈不在人哉？」〔註33〕
張爾田對今古文這兩者產生的弊端，顯然是有著有輕重緩急之別。今文之弊
不過亡國而已，古文之弊卻是關乎滅種廢道，古文之弊較之今文嚴重許多，
其言下對章太炎亦批評甚屬。也許先來看看身為古文經家的章太炎如何看待
經學，對張爾田此言論方能有更深入的理解。

　　章太炎在〈清儒〉中曾論及章學誠的學說，並注釋道：「人言六經皆史，
未知古史皆經也。」〔註34〕可說章太炎這句話是對章學誠「六經皆史」論
的肯定與延伸，又進一步將其擴大為「古史皆經」的申論。因此乍看之下，
張爾田與章太炎似皆立足於章學誠的學說而有所闡發，是闡發的方向卻是

〔註31〕又如張爾田曾批評俞正燮對《公羊》的解讀：「兩漢以經術致用，而《公羊》
　　　　先立學官，俞理初遽以干祿之書詆之。然則功令表彰程朱，程朱亦干祿之書
　　　　耶？又謂說經不得預阿後世，《公羊》豈預阿後世者。預阿後世敢作非常異義
　　　　可怪之論耶？至因《公羊》而□及何休，則又論人非論學矣。俞氏亦號通人，
　　　　斯言何其陋也。」張爾田，〈屑守齋日記〉，頁358。
〔註32〕孫德謙、張采田著，《新學商兌》，頁44a。
〔註33〕張爾田，〈屑守齋日記〉，頁366。
〔註34〕章炳麟著，徐復注，〈清儒第十二〉，《訄書詳注》（上海：上海古籍出版社，
　　　　2000年），頁133。

背道而馳。在章太炎的詮說下，等於說所有古代史皆可為經，經本來只有
「六經」的存在，如今卻似乎可以無限擴大。且史書與經最大的不同在於，
經具有士人「安身立命之道」的崇高地位，現在章太炎將史書拉抬為經，
經具有的獨特意義亦岌岌可危。〔註 35〕章太炎也很直接的表明：六經的用
處只在於考迹異同，而不在尋求義理，〔註 36〕若有所謂經書能夠修身治國
之類的說法，只會導致經典的滅亡。〔註 37〕更何況通經致用之說在章太炎
看來，根本就是漢儒用以求取功名利祿、譁世取寵的工具，有違真正的經
意。〔註 38〕

　　章太炎既然對經學有如此的解讀，也就不意外章太炎會對追求微言大義
的今文經家說大力排抵之。章太炎說「常州儒人，媚嫉最盛。古文辭之筆法
受之桐城，乃欲自為一派，以相抗衡，其所謂今文學派者，志亦若是而已。」
〔註 39〕章太炎這話似乎已不只是學術上的評價，簡直還帶有點「謾罵」的意
味。受到章太炎的影響，《國粹學報》初期本刊有廖平、王闓運（1833～1916）
等今文家言，在第 2 年第 12 期之後再無從得見。〔註 40〕國粹學派的鄧實（1877
～1951）對今文也毫無好感，他說道咸以降，士人講求經世，以為西漢的今
文學切於世用，故假托今文之學，行干祿之實。所以鄧實總結道：「今文學盛
行之世，亦世運之末流也。」〔註 41〕話中對今文學的鄙視表露無遺。

　　但是正如鄭師渠所言，章太炎益發強烈的反對「通經致用」之說，造成
的是他也愈益向乾嘉考據靠攏。〔註 42〕考據學在張爾田眼中卻正好是經學的
毒瘤，他曾批評考據學是「以學術為程式」，只求考得與前人不同之處，而不
問安身立命之大義，如《詁經精舍文鈔》內中所選即無關大義宏旨，於世道

〔註 35〕關於章太炎將六經歷史文獻化，而引致傳統經學的動搖，可參見王汎森，《章
　　　　太炎的思想——及其對儒學傳統的衝擊》（臺北：時報文化，1985 年），頁 189
　　　　～198。

〔註 36〕章太炎，〈諸子學略說〉，湯志鈞編，《章太炎政論選集（上）》，頁 286。

〔註 37〕章太炎，〈經的大意〉，《章太炎的白話文》（臺北：藝文印書館，1972 年），頁
　　　　45、49。

〔註 38〕章炳麟，〈與簡竹居書〉，《國粹學報》第 82 期（臺北：臺灣商務，1974 年），
　　　　頁 11336。

〔註 39〕章太炎，〈與劉師培書〉，湯志鈞編，《章太炎政論選集（上）》，頁 282。

〔註 40〕鄭師渠，《晚清國粹派：文化思想研究》，頁 263～264。

〔註 41〕鄧實，〈國學今論〉，《國粹學報》第 4 期（臺北，臺灣商務印書館，1974 年），
　　　　頁 399。

〔註 42〕鄭師渠，《晚清國粹派：文化思想研究》，頁 259。

人心之患甚大。〔註 43〕故尋求大義微言以得孔聖之道，仍是張爾田的最終目標，可說張爾田傾向今文學乃是冀圖尋求微言大義，以求得安身立命之道。清末興起的今文學與經世的需求是分不開的，〔註 44〕張爾田之傾向今文學也是因為此故，這不能不說是因張爾田懷抱著通經致用的理想，而欲望經學能夠有用於世道人心。既然張爾田認為經學之最重要處即在尋求微言大義以通經致用，也難怪張爾田會說章太炎之古文家言會有滅種廢道的疑慮了。

張爾田之學術脈絡有如上言，只是張爾田這樣篤信《公羊》的今文學立場，亦與側重今文經學的康有為及其徒弟梁啓超有別。蔡長林就說張爾田自有一套常州學派的傳承系譜，並對梁啓超在《清代學術概論》中所言之清代今文學大感不滿。〔註 45〕康梁師徒以古文經為攻擊的目標，〔註 46〕張爾田即批評梁啓超的《清代學術概論》是「無端分飲河水，別出今文一派，以與古文家角立，為位置其師張本」。〔註 47〕與張爾田學術立場相近的孫德謙，也說康有為等好言變法者，取《公羊》《春秋》以引申自身的改制之說，致使《公羊》家學為世人所詬病。但這實非《公羊》本身之弊，而是不善學者之過。〔註 48〕顯然康有為欲運用《公羊》以利其變法改革之說，反而連帶殃及《公羊》成為眾矢之的。張爾田與康梁對《公羊》的見解既有此差異，其經解亦迥然不同，其所著之《新學商兌》則具體反映了兩方各異的學術見解。《新學商兌》既是為了反駁梁啓超〈論支那宗教改革〉一文而作，以下就先從梁啓超的論點開始說起。

梁啓超在〈論支那宗教改革〉中曾言今日中國之所以遠不如西方，乃由於「誤六經之精意，失孔教之本旨」。〔註 49〕梁啓超既認定現今六經及孔子之宗旨有誤，隨後即自陳其對六經之見解。他說：

〔註 43〕張爾田，〈屏守齋日記〉，頁 357～358。
〔註 44〕相關討論可見彭明輝，《晚清的經世史學》（臺北：麥田出版社，2002 年），頁 63～67。
〔註 45〕蔡長林，〈「六藝由史而經」——張爾田對經史關係之論述及其學術歸趨〉，頁 484～490。關於張爾田與梁啓超兩人對清代今文學系譜解釋的差異，亦可見此文。
〔註 46〕王汎森，《古史辨運動的興起——一個思想史的分析》（臺北：允晨文化，1987 年），頁 95。
〔註 47〕李稚甫、章文欽整理，〈張爾田先生書札　第六函〉，蘇晨主編，《學土》1（廣州：廣東高等教育出版社，1996 年），頁 42。
〔註 48〕孫德謙，《諸子通考》（臺北：廣文書局，1975 年），頁 288。
〔註 49〕梁啓超，〈論支那宗教改革〉，頁 55。

> 孔門之爲教，有特別普通之二者。……普通之教，曰《詩》《書》《禮》
> 《樂》，凡孔門弟子皆學之焉，《論語》謂之爲雅言，雅者通常之稱
> 也。特別之教，曰《易》《春秋》，非高才不能受焉。得《春秋》之
> 傳者爲孟子，得《易》之傳者爲莊子。普通之教，謂之小康；特別
> 之教，謂之大同。然天下中才多而高才少，故傳小康者多而傳大同
> 者少。〔註 50〕

梁啓超將孔門之教分爲兩派，以《詩》《書》《禮》《樂》爲普通之教，《易》《春
秋》爲特別之教，這是梁啓超論六經傳授的基礎。此二分法殆有其今文家的
淵源，今文家嘗以《六經》內容之深淺，將六經次序定爲《詩》《書》《禮》《樂》
《易》《春秋》，其中《詩》《書》《禮》《樂》乃普通教育或初級教育，《易》《春
秋》則是孔子關於政治和社會的思想所在，故爲高級教育。〔註 51〕梁說較前
人所特出者，乃在將此二者分別配以小康大同，且六經各有其傳人。所謂《詩》
《書》《禮》《樂》等普通之教爲小康，由荀子所傳；〔註 52〕《易》《春秋》等
特別之教爲大同，分別由莊子傳《易》，孟子傳《春秋》。

　　梁啓超論此六經授受源流又有言曰：「大同之教，非小康弟子之所得
聞，……故荀卿言，凡學始於誦《詩》，終於讀《禮》，不知有《春秋》焉。
《孟子》全書，未嘗言《易》，怠不知有《易》焉。」〔註 53〕顯見此大同與
小康二者之分乃楚河漢界，典籍互不干涉。與大同小康之論斷相配合，梁啓
超又將《詩》《書》《禮》《樂》視爲孔子纂述之書，其內容只是因沿舊教，
不可說是孔子之意。眞正存孔子之眞意者乃爲孔子手作之《易》與《春秋》，
其中《易》所論爲出世間法，「孔子經世之大法，立教之微言」則全在《春
秋》一經中。〔註 54〕

　　梁啓超如此論斷六經，即遭受孫德謙與張爾田兩人之批評。孫德謙稱：

> 六經皆先王政教之書，東遷而後，天子失官，載籍殘缺，孔子思存
> 前聖之業，修而明之，故曰：「述而不作。」何嘗有小康大同之別哉！
> 蓋孔子皆因沿舊教，或作或述，以垂法後王，其意所在，非有偏重

〔註 50〕梁啓超，〈論支那宗教改革〉，頁 56。
〔註 51〕周子同，〈經今古文學〉，《周子同經學史論》（上海：上海人民出版社，2010
　　　　年），頁 3～5。
〔註 52〕梁啓超，〈論支那宗教改革〉，頁 56。
〔註 53〕梁啓超，〈論支那宗教改革〉，頁 56。
〔註 54〕梁啓超，〈論支那宗教改革〉，頁 57。

也。安得謂《詩》《書》《禮》《樂》非孔子之意，而意在《易》與《春
秋》乎？〔註55〕

孫德謙以爲六經爲先王政典，周東遷後世衰道廢，孔子乃修訂六經以垂法後
王。故六經皆是因沿先王政教，爾後再經孔子手定而成，並無大同小康之分，
豈可謂《詩》《書》《禮》《樂》非孔子之意？對此張爾田亦批評梁啓超道：「六
藝皆天子舊史，先王經世之大法，孔子取而述焉，以垂法後王。增之不容七，
損之不能五，無所謂大同小康之分也。」〔註56〕可知孫張二人對梁啓超以大
同小康論定六經難以苟同，而大同小康之分的背後又在貶《詩》《書》《禮》
《樂》，此亦爲孫張所批評。〔註57〕對孫張二人來說，孔子刪述六經乃孔子之
能上承先王，下啓後來的基礎。張爾田認爲六經乃是經孔子刪定，方由「先
王經世之迹」而一變爲「萬世常道」，〔註58〕顯見六經本同時具有先王政典與
孔子之意雙重性質。若如梁啓超所言《詩》《書》《禮》《樂》皆非孔子之意，
簡直是剝奪了孔子述前聖，開後來之基礎。在張爾田看來，「六藝皆古人經濟
之迹而一經不能棄遺也」，〔註59〕故張爾田亦曾批評宋儒只讀四書而不論五經
的現象，若如宋儒之言，則孔子當日何必要刪定六經？〔註60〕他認爲梁氏只
因《詩》《書》《禮》《樂》因沿舊教，就指稱此四經非孔子之意，若以梁氏之
邏輯而論，《周易》一經原先亦本於伏羲文王之道，難道就不是因沿舊教嗎？
〔註61〕

張爾田又論《春秋》與諸經的關係曰：「《春秋》者，諸經之總結也。《春
秋》無諸經，則前無所承；諸經無《春秋》，則後無所繼。」〔註62〕顯然張爾
田認爲六經之間具有某種環環相扣的關係。梁啓超之以大同小康分定六經，
是強行將《詩》《書》《禮》《樂》與《易》《春秋》斷爲兩橛。同理，《易》與
《春秋》在張爾田看來亦相爲表裡，所謂《易》爲聖人言天之書，《春秋》則

〔註55〕 孫德謙、張采田著，《新學商兌》，頁20b。
〔註56〕 孫德謙、張采田著，《新學商兌》，頁21a。
〔註57〕 孫德謙、張采田著，《新學商兌》，頁22a。
〔註58〕 張爾田，《史微》，頁10～11。
〔註59〕 張爾田，《史微》，頁114～115。
〔註60〕 朱一新對此亦有類似的看法，朱一新認爲六經各有大義，亦各有微言。若如
康有爲所謂孔子之意只備於《春秋》，則孔子作一經便足矣，何必有六經？朱
一新，〈答康有爲第二書〉，蘇輿編，《翼教叢編》，頁8。
〔註61〕 孫德謙、張采田著，《新學商兌》，頁21a。
〔註62〕 孫德謙、張采田著，《新學商兌》，頁22a。

爲聖人盡人希天之書，斷非如梁啓超所云莊子傳《易》，孟子傳《春秋》，兩者不相聞問。〔註63〕對於梁啓超如此大費周章的論定六經，張爾田直指梁啓超其目的是欲廢《詩》《書》《禮》《樂》而獨崇《春秋》，並再援引《易》經以配之，最終以「便其變政之企圖」。〔註64〕

　　何以張爾田會那麼說呢？先來看梁啓超的說法。正如前述，梁啓超在貶《詩》《書》《禮》《樂》的同時，又推尊《春秋》一經爲孔子經世微言所在。惟梁啓超論《春秋》有如下言：

> 然以二千年來所謂《春秋》者言之，不過一記事之史，與斷爛朝報無以異。何足以爲奇書哉！而孟子等何故尊之若是？此亦言支那哲學者一大問題也。殊不知《春秋》不過記號之書（如算學之代數）其精要全在說口，而其說口之傳授，在於《公羊傳》。當西漢以前，大同教派未絕，諸儒尚多有能言之者。自東漢以後，《公羊傳》一書，若存若亡，而《春秋》無人能解（朱子亦自言不解《春秋》）。孔子之面目，遂不復可見，可勝慨哉！〔註65〕

易言之，梁啓超表面上推尊《春秋》傳孔子之眞面目，實則其心中以爲眞正能夠代表孔子經義者，惟有《公羊》一書。若無《公羊》說口之微言，則《春秋》亦僅爲一斷爛朝報、記號之書而已，此爲孔子眞義二千年來無人能解之根源。梁啓超甚至說《春秋》「義之既明，而其事皆作筌蹄之棄，亦無不可也。若循其事而忘其義，則大不可也。」〔註66〕此言可與上述梁啓超謂《春秋》不過是一記號之書相互闡發，皆是強調《春秋》的精粹在於說口微言，而非其中紀載的史事，在通明《春秋》之微言後，其中的史事棄之亦可。

　　後人何以會誤認《春秋》僅爲一史書，梁啓超對此則另有解釋。他曾以極爲沉痛的語調陳言：「痛哉《左傳》家之說也！乃謂《春秋》書不書之例，不過据列國赴告之策以爲文，然則孔子直一識字之史官而已。《乘》與《檮杌》皆優爲之，而何必惟孔子之《春秋》是尊也？自《公》《穀》之大義不明，後儒之以史目《春秋》久矣。」〔註67〕梁啓超此言之意與前論相通，皆是痛惜《春秋》二千年來僅被視爲「記事之史」，孔子更受此連累而屈居爲一史官。

〔註63〕孫德謙、張采田著，《新學商兌》，頁5b。
〔註64〕孫德謙、張采田著，《新學商兌》，頁22a。
〔註65〕梁啓超，〈論支那宗教改革〉，頁57～58。
〔註66〕梁啓超，〈讀春秋界說〉，《飲冰室文集》（二），頁16。
〔註67〕梁啓超，〈讀春秋界說〉，頁16。

若眞是如此,《春秋》就與所謂《乘》與《檮杌》地位相等,皆是史書,《春秋》又有何值得特別尊崇的地方?之所以引致這樣的誤解,梁啓超顯然認爲這與《春秋》遭受《左傳》的牽連有關,而梁啓超此論斷則來自康有爲。

爲了澄清長期以來《春秋》僅被視爲一史書的誤會,康有爲對《左傳》之性質有如下申論:康有爲早於《春秋董氏學》中,評《左傳》只詳史事,無與於孔子之道。在《新學僞經考》中,康有爲更進一步提出《春秋》之傳只有《公》《穀》二家的說法,所謂《左氏傳》乃劉歆(西元前?-後 23)根據《國語》刪改而成之僞經。〔註68〕實則關於《左傳》是否與《春秋》有關,古文家與今文家本爭論已久,古文家認爲《左傳》是解釋《春秋》的傳,故應稱爲《春秋左氏傳》;今文家則認爲《左傳》只是一種史書,與《春秋》無涉。〔註69〕中國學術史本來就不斷有人懷疑古文經中的《周官》與《左傳》是劉歆所僞作,只不過此一疑點到了劉逢祿(1776～1829)手上特別加以擴大,爲廖平與康有爲將劉歆視爲全部古文經僞造者埋下線索。〔註70〕

康有爲完全否定《左傳》與孔子大義間的關聯,其實是意圖將《公羊》作爲《春秋》唯一經解的鋪陳。既然如此,《公羊》所傳之孔子大義究竟爲何?康有爲認爲《公羊》論《春秋》詳於素王改制,〔註71〕因此康有爲說「讀《公羊》,先信改制。不信改制,則《公羊》一書,無用之書也」。〔註72〕是則《公羊》之大義幾全在改制之上,而康有爲亦認爲孔子的微言大義即是孔子改制之業。〔註73〕康有爲甚且因爲認爲《穀梁》不傳孔子素王改制之義,而說《穀梁》無法發揚孔子之道。〔註74〕至於梁啓超在「改制」之說的詮釋上,還比康有爲更進一步。梁啓超認爲孔子有托古改制,後儒亦可持此義以爲後儒之改制。在梁啓超的闡發下,《公羊》改制之義已幾乎完全爲維新變法張目。〔註75〕

〔註68〕康有爲,《新學僞經考》,收入姜義華、張榮華編校,《康有爲全集(二)》(北京:中國人民大學出版社,2007 年),頁 368。

〔註69〕周予同,〈群經概論〉,《周予同經學史論》,頁 169。

〔註70〕王汎森,《古史辨運動的興起——一個思想史的分析》,頁 96。

〔註71〕康有爲,〈春秋董氏學自序〉,《康有爲全集(二)》,頁 307。

〔註72〕張伯楨,〈康南海先生講學記〉,《康有爲全集(二)》,頁 121。

〔註73〕康有爲,《新學僞經考》,頁 379。其實康有爲的改制之說與劉歆僞盡群經之說,皆是受到廖平所啓發,所以康有爲的《孔子改制考》是脫胎於廖平的〈知聖篇〉,而《新學僞經考》則脫胎自廖平的〈闢劉篇〉。王汎森,《古史辨運動的興起——一個思想史的分析》,頁 101～102。

〔註74〕康有爲,〈春秋董氏學自序〉,頁 307。

〔註75〕林麗娥,〈晚清經今文學之探討〉,《孔孟月刊》19:2(臺北:1980 年),頁 66。

康梁論《春秋》與《春秋》三傳有如上述，孫德謙首先就反駁道：「《春秋》口說固在《公羊》《穀梁》二家，惟讀《春秋》當三傳並重，蓋《左氏》所以傳當時之事，《公》《穀》所以傳筆削之意，各有所長，豈容妄為軒輊哉！」〔註76〕孫德謙之意並不否認《公》《穀》傳《春秋》口說之微言大義，其抨擊康有為者在康有為貶低《左傳》之重要性。張爾田亦說：「蓋左氏身為史官，親見孔子手定《春秋》，恐口說流傳漸失魯史之真，於是述本事而作傳，所以明夫子不以空言說經也。」張爾田之反駁除了說明《左傳》乃是針對《春秋》中記載之事而作傳，重申《左傳》與《春秋》之間的關係，亦是申明《春秋》中所載皆為史事，而非如康梁所論只是為「記號之書」。〔註77〕張爾田甚至有謂《左傳》之作，旨在避免後人懷疑孔子偽造古史。〔註78〕實際上張爾田的今文學思想是由章學誠「六經皆史」而發展，主張「六藝由史而經」，〔註79〕六經具有「史」的性質，故張爾田完全不可能同意康有為所謂《春秋》乃記號之書的說法。孫德謙亦有類似的看法，孫德謙認為「然則六經者，其道為世常行，要皆堯舜以來相傳之事實，前史所記錄者也。或曰經之為史，固已。惟既尊之為經，必謂原本於史者。」〔註80〕孫德謙意謂六經皆是由「史」發展而來，這與康梁一意推翻經書所載史實的態度完全背道而馳。〔註81〕故張爾田總結《春秋》三傳之與《春秋》的關係為：「論大義之傳《左氏》不及《公》《穀》，論本事之真《公》《穀》亦不及《左氏》」。〔註82〕三傳各有其義，不可偏廢，非惟《公羊》一書傳《春秋》而已。〔註83〕

〔註76〕孫德謙、張采田著，《新學商兌》，頁 25b。
〔註77〕孫德謙、張采田著，《新學商兌》，頁 26b。
〔註78〕張爾田，《史微》，頁 88。
〔註79〕蔡長林，〈「六藝由史而經」——張爾田對經史關係之論述及其學術歸趨〉，頁 470。
〔註80〕孫德謙，〈中國四部書闡原〉，《亞洲學術雜誌》1：2（上海：1922 年），頁 2。
〔註81〕王汎森曾說雖然經史之間本來就具有矛盾，但清末古文經家與廖平、康有為之間對於經史的爭論，爭辯的重點在於六經中的史事究竟是屬於史實，還是孔子虛構以寄託其政治理想，因此與過去的「經」「史」之爭並不相同。王汎森，《古史辨運動的興起——一個思想史的分析》，頁 160～161。張爾田、孫德謙此處對康有為的批評應亦是同樣的情形。
〔註82〕張爾田，《史微》，頁 89。
〔註83〕丁亞傑曾指出康有為之經學傳承譜系是「道—聖人—孔子—六經—春秋—公羊—董仲舒」，而決定此一譜系的構成關鍵則是素王改制。問題在於此譜系中「六經—春秋—公羊」的部分，牽涉到的是《春秋》的性質、內容與解經方法，甚且涉及對孔子歷史地位的判定，故極難獲得共識。究竟是《公羊》傳

　　對於康有爲指斥《左傳》乃劉歆僞經之說，張爾田則逕直反駁康有爲《新學僞經考》中提出的論點。首先，針對康有爲引公孫祿（西元前 200-前 121）言謂劉歆「顛倒五經、毀師法」一語，是爲劉歆僞造古文經之證據。〔註 84〕對此，張爾田斥之曰：公孫祿此言指的是劉歆混淆今古文，毀家法，與僞造全無關聯；若古文經眞爲劉歆僞造，何以漢代無人論及，必得等到千年後才由康有爲發現？〔註 85〕其次，對於康有爲視《論語》、《孝經》等可證明爲孔子所作之書，其中部分字句曾遭劉歆竄改添入的看法，〔註 86〕張爾田認爲：「此言出而懷疑之風遂熾甚，且集矢洙泗矣，皆康梁作之俑也。」〔註 87〕張爾田亦且極爲擔憂康有爲本欲攻擊劉歆，卻連帶的使孔子遭受懷疑，他強調這是《新學商兌》不得不辨康有爲「劉歆僞經說」的緣故。〔註 88〕

　　對於康有爲一意推崇之《公羊》改制說，《新學商兌》又有何表示？孫張二人對康梁之《公羊》學說有如下批評：

> 然論者推尊《公羊》，實欲變其改制之說耳。《公羊》大師莫如董仲舒，仲舒曰：「王者有改制之名，而無易道之實。」論者之言改制，幾於易道矣。（采田案：改制之說，只可坿會變法，而不可坿會革命。然《公羊》《春秋》所云改制者，專指遭世異變，改正朔，易服色等事，固非舉先王之治而悉廢之也。故董子又曰：「《春秋》善復古，譏易常。」其〈對策〉亦云：「王者有改制之名，無易道之實。」若如梁氏言，則是易道，非改制矣。其誣《春秋》爲何如耶！）曾謂《公羊》學而如是乎？〔註 89〕

《春秋》還是《左傳》傳《春秋》成爲問題的核心。而這也是何以晚清今古文之爭聚焦在《春秋》，又於《春秋》三傳中聚焦在《公》、《左》二傳的原因。丁亞傑，《清末民初公羊學研究：皮錫瑞、廖平、康有爲》（臺北：萬卷樓，2002 年），頁 212～213。

〔註 84〕康有爲，《新學僞經考》，頁 523。

〔註 85〕孫德謙、張采田著，《新學商兌》，頁 2b。張爾田在《史微》中便已對宋儒稱《左傳》乃劉歆僞作這個論點有所批評，並花了極大的篇幅申述《左傳》何以並非劉歆所僞作。詳見張爾田，《史微》，頁 73～76。

〔註 86〕如康有爲就指稱《論語》「信而好古，述而不作」二句是劉歆所僞造。

〔註 87〕孫德謙、張采田著，《新學商兌》，頁 31a。

〔註 88〕類似的，朱一新亦對康有爲的古文僞經說表示：「竊恐詆許古人之不已，進而疑經；疑經之不已，進而疑聖，至於疑聖，則其效可覩矣。」朱一新，〈朱侍御答康有爲第三書〉，《翼教叢編》，頁 14。

〔註 89〕孫德謙、張采田著，《新學商兌》，頁 25b。

張爾田在此一正董仲舒《公羊》改制之說，強調改制所指爲改朝換代時改正
朔、易服色等事，絕非如康梁所謂之變法改革，更何況康有爲的言論在張爾
田眼中，已超出改革的範圍而躋於革命了。對於改制之義，張爾田在《史微》
中闡述得更詳細，他說改制指的是孔子根據周朝史書中所記載的制度以改魯
史，故孔子是藉由魯史以存周道，以爲後王制法。張爾田又引董仲舒（前 179-
前 104）之言曰：「所謂新王必改制者，非改其道，非變其理，……若夫大綱
人倫道理政治教化習俗文義盡如故，亦何改哉？」〔註 90〕顯見張爾田的論點
是孔子改制並未更易先王大法。與此相對，康有爲卻認爲孔子改制乃「變周
之制」，〔註 91〕與張爾田所理解之改制差距甚遠。正如上引孫德謙所言，康梁
企圖將《公羊》凌駕於諸經之上，是爲了形成變法改制的言論基礎，難怪張
爾田會說康梁欲廢《詩》《書》《禮》《樂》並獨崇《春秋》，是爲了方便其變
政改革說，而康有爲所謂的改革在張爾田眼中實在與革命沒什麼兩樣。〔註 92〕
非惟如此，《公羊》改制說的前提之一劉歆僞經說，亦是康梁變法改革的理論
基礎，關於此點，曾與康有爲書信往返辯難《新學僞經考》的朱一新（1846
～1894）所言甚詳。朱一新說康有爲是「凡古書之與吾說相戾者，一皆詆爲
僞造，夫然後可以唯吾欲爲，雖聖人不得不俛首而聽吾驅策。」〔註 93〕換句
話說，朱一新認爲康有爲是將與己意不合者一概托爲僞造，以方便以己之意
論斷經書，這可說是康有爲著《新學僞經考》的隱衷。

　　更有甚者，康有爲爲了尊孔與向西方尋求眞理雙管齊下，乃在孔子的「軀
殼」中裝塡孔子從未說過的思想，進行大幅度的鑿空說經。〔註 94〕以下可以
以梁啓超〈論支那改革〉中揭示的康有爲之論點爲例，梁啓超說孔子的微言
大義中，以平等爲尚，〔註 95〕孔教又有強調自立之說，〔註 96〕故自由平等乃

〔註 90〕張爾田，《史微》，頁 76～77。
〔註 91〕康有爲，《春秋董氏學》，《康有爲全集》（二），頁 369。
〔註 92〕孫德謙、張采田著，《新學商兌》，頁 22a。
〔註 93〕朱一新，〈答康有爲第四書〉，《翼教叢編》，頁 19。
〔註 94〕王汎森，《古史辨運動的興起——一個思想史的分析》，頁 132。康有爲這種微
　　　　言解經的傳統雖然是源於劉逢祿等人，但劉逢祿、凌曙、陳立等人在經書中
　　　　寄託的微言大義仍未脫出傳統思想的格局。到了廖平與康有爲的時代，由於
　　　　西方帝國主義的侵逼日甚，以至於廖、康等人將西學與孔子的微言大義相牽
　　　　合。王汎森，《古史辨運動的興起——一個思想史的分析》，頁 112。
〔註 95〕梁啓超，〈論支那宗教改革〉，頁 59。
〔註 96〕梁啓超，〈論支那宗教改革〉，頁 60。

是孔子微言大義的一部份，這引發了張爾田強烈的抨擊。〔註97〕張爾田反詰
梁啓超：《公羊》中豈載有自由平等各主義？〔註98〕難怪梁啓超的言論在張爾
田眼中，已不只是改制而已，根本是易道了。張爾田曾表示：「學，進化者也，
故屢變而愈精；教，持世者也，天不變，道亦不變。故學有新舊，教無新舊」。
〔註99〕所以他認為所謂新舊乃指「學」而言，而「新」亦絕非意指改道。張
爾田曾說：「有惻隱古詩之意，然後可以讀《公羊》之書。斯誼也，殆非康廖
輩所曉也。」〔註100〕他指出康有為過於以己意解經，並非真了解《公羊》之
真意，顯見康有為鑿空說經又代以西學，此正是張爾田無法容忍者。這也可
以解釋張爾田與康有為之《公羊》立場的差異何在。

　　實際上康梁這種「以西入經」的學術見解，不只是反映在《公羊》上而
已，尚及於他們對諸子學的闡釋。諸子學術的興起在清末乃一值得關注的思
潮，這亦是《新學商兌》攻駁康梁的另一焦點。

第二節　孟荀二子學說與大同小康的爭議

　　諸子學術在清末的興起，與時人經世的需要極為相關。有學者認為道光
以後社會危機的加深，使魏源（1794～1856）、路德（1785～1851）等士人將
眼光放到「通子致用」上，〔註101〕不論是孫德謙、張爾田或者康梁等人論諸
子學術，皆是出於此一背景。王蘧常便說孫德謙因認為經學考據「屑屑於章
句故訓」，無法通知大誼，故而轉治子學。〔註102〕孫德謙亦曾自陳道：「夫諸
子為專家之業，其人則皆思以抹世，其言則無悖於經教。」〔註103〕言中即以
諸子所作所為為救世之舉。孫德謙之言也透露出清末諸子學發展的另一特
徵，即諸子學術的義理價值被重新評估。孫德謙在另一段話中就說：「無諸子

〔註97〕此亦為《翼教叢編》攻駁康梁之處。見丁亞傑，〈《翼教叢編》的經典觀——
　　　　晚清今古文經學的爭論〉，《晚清經學史論集》（臺北：文津出版社，2008年），
　　　　頁118。
〔註98〕孫德謙、張采田著，《新學商兌》，頁29b。
〔註99〕張爾田，〈屣守齋日記〉，頁355。
〔註100〕張爾田，〈屣守齋日記〉，頁365。
〔註101〕羅檢秋，《近代諸子學與文化思潮》（北京：中國社會科學出版社，1997年），
　　　　頁51～52。關於魏源與路德兩人的諸子學說亦可參見此書。
〔註102〕王蘧常，〈清故貞士元和孫隘堪先生行狀〉，，頁631。
〔註103〕孫德謙，《諸子通考》，頁1。

而孔子之道尊，有諸子而孔子之道愈以大，聖人所謂吾道一貫者，亦皐牢百家也。」〔註104〕孫德謙顯然認爲諸子學術能發揚孔子之道，與聖道相互闡發，也就是說諸子與六經義理兩者是相通的。不但如此，孫德謙還認爲當朝儒者在諸子學的研究上，只可說是有校勘諸子書，卻無眞正治諸子學者，以至於經學的衰落。〔註105〕是故，孫德謙就闡說了諸子與儒學兩者如何調配之方，他提出在亂世時應先採用諸子學說以持危扶傾，再以孔孟之道補偏救弊的方法，如此則可吸納諸子之學，而儒學亦不至於無用。〔註106〕與上述以諸子經世同樣重要的是，孫德謙仍相當注意道統的維護，所以他又曾撰有《諸子要略》，以〈正心篇〉（此文未見）爲終，目的即在正本。〔註107〕

　　與孫德謙類似，張爾田也說過：「六藝者，先王經世之迹也；諸子者，先王經世之意也」，〔註108〕他與孫德謙同樣都認爲諸子不但具有經世的意圖，亦且與六經不相違背。〔註109〕實則張爾田將其著作命名爲《史微》，即是由於「六藝皆古史，而諸子又史之支與流裔」，〔註110〕意指諸子與六藝乃同源而出。張爾田對諸子學說的讚揚還不只是這樣而已，他將諸子學與六經微言大義等同，兩者同樣對立於「破碎大道、考定校讎」之考據學，顯然張爾田是認爲諸子同樣也能夠表章孔子之微言大義，遠非考據學之能比。〔註111〕可知孫德謙與張爾田皆是在經世這一面上強調諸子，同時聲明諸子與六經不相違背。

　　孫德謙與張爾田治諸子學的這些特徵，又與同樣在清末講諸子學甚力的章太炎有什麼不同呢？章太炎認爲諸子之學的要點在於尋求義理，諸子既然能夠各立其宗，「則必自堅其說，一切載籍，可以供我之用，非束書不觀也。」可見章太炎之所以講求諸子的義理，同樣也是基於諸子學能夠「供我之用」的立場

〔註104〕孫德謙、張采田著，《新學商兌》，頁38a～38b。
〔註105〕張爾田，〈屛守齋日記〉，頁345。
〔註106〕孫德謙，《諸子通考》，頁101。
〔註107〕孫德謙，《諸子通考》，頁181～183。
〔註108〕張爾田，《史微》，頁53。
〔註109〕蔡長林則認爲張爾田將六藝與周秦諸子合觀之因，在於張爾田認爲西漢的今文家法是上承六藝與周秦諸子，然當時莊述祖、劉逢祿等人遠未能符合西漢的今文家說，更遑論考據之學。蔡長林，〈「六藝由史而經」——張爾田對經史關係之論述及其學術歸趨〉，頁494。
〔註110〕張爾田，《史微》，頁1。
〔註111〕張爾田，《史微》，頁1。

上。章太炎還補充說道：「雖異己者，亦必睹其籍，知其義趣，惟往復辯論，不
稍假藉而已」，〔註112〕章太炎以爲諸子與己有異者亦有可觀之處，而要在知其
義理。在這種肯定諸子價值的層面上，章太炎當然與孫德謙或張爾田沒什麼分
別。但章太炎表章諸子的同時，卻是對孔子與儒家思想有所貶抑。〔註113〕其實
清代中晚期後由於諸子學興起，已有人以諸子學中所記載的孔子事蹟，來取代
所謂「正統面目」的孔子，章太炎乃承續其風。章太炎的〈諸子學略說〉中對
孔子的批評，即幾乎都是引用自子書。〔註114〕他並且在該文中說儒家孔子之學
是「湛心利祿」，故對道德理想上皆不必求是，只需便於行事即可。〔註115〕章
太炎對儒學有這樣的評語，又與其對現行制度的不滿有很大的關係，章太炎認
爲現行的儒學不能保護其種族，又不能回應外來的挑戰，完全就是肇因於儒家
對現行制度虛予委蛇，〔註116〕顯然章太炎也是基於其政治立場的考量而對諸子
與儒學有如此論斷。章太炎既對提倡諸子學有如此目的，自然與孫張二人「有
諸子而孔子之道愈以大」，欲使諸子與孔子思想相互發揚的想法相差甚遠了。

孫德謙與張爾田在治諸子學上，亦有其學術取徑。張爾田就說他與孫德
謙「兩人本篤信章實齋，習於流略，遂於漢〈藝文志〉發悟創通，自唐以後，
言諸子而能本於漢志者，實自吾兩人始」，〔註117〕他們研治子書的方法是採用
自章學誠的「流略學」，並以此法審視班固〈藝文志〉，再以〈藝文志〉所論
「諸子出於王官」爲其諸子學之核心。所謂的流略學即是章學誠所謂的「辨
章學術、考鏡源流」，其目標則在梳理三代以上至秦漢以降的學術流變，分辨
各種學問之間的源流分衍，並劃出彼此的畛域。〔註118〕在辨析學術流變的同
時，章學誠亦注意到以歷時性的眼光考察學者所業之優劣，以及其學說在當
下的意義。〔註119〕基於這樣的想法，孫張二人便批評後儒不知辨章諸子源流，

〔註112〕章太炎，〈諸子學略說〉，頁286。
〔註113〕鄭師渠，《晚清國粹派：文化思想研究》，頁114。
〔註114〕王汎森，《章太炎的思想——及其對儒學傳統的衝擊》，頁184～185。
〔註115〕章太炎，〈諸子學略說〉，頁291～290。
〔註116〕王汎森，《章太炎的思想——及其對儒學傳統的衝擊》，頁188～189。
〔註117〕張爾田，〈論學書五首〉，頁91。
〔註118〕這種流略學其實也就是章學誠提出的「校讎學」，張壽安則名之爲「學術史」。
　　　　張壽安，〈六經皆史？且聽經學家怎麼說——龔自珍、章學誠「論學術流變」
　　　　之異同〉，田浩編，《文化與歷史的追索：余英時教授八秩壽慶論文集》（臺北：
　　　　聯經出版社，2009年），頁280。
〔註119〕蔡長林，〈文人的學術參與——《復堂日記》所見譚獻的學術評論〉，《中國文
　　　　哲期刊》40（臺北：2012年），頁139。

排詆諸子爲異端學說，以至於子學淹沒而不傳，〔註120〕甚且因不知取子學經世之道而使儒學流於無用。〔註121〕

以此流略學的眼光爲準則，孫德謙就在《諸子通考》中說：「嘗謂治諸子者，必先辨其家數，乃能得其宗旨。」〔註122〕孫德謙強調辨析諸子家派的重要，而孫德謙所謂的宗旨，則指能以一二字辨明全書之綱領，如名家辨名家，法家崇法家，並且各推其所長處。〔註123〕同樣的，張爾田也認爲治子學必知其流別，〔註124〕以上皆可見章學誠考察學術流變並劃分畛域的概念，對孫張二人的影響。〔註125〕章學誠之流略學能將學者之業置於當時的處境，孫德謙亦據此展開其學術批評。眞德秀（1178～1235）曾批評司馬談（？-西元前110）〈論六家要旨〉平儒家於六家之一，孫德謙即不表同意，他反駁眞氏之說道：司馬談時儒術尚未獨尊，當然與其餘諸家同樣都是一家之學，眞氏如此批評司馬談是不知「知人論世」，並以後來之見譏評前人。

孫德謙與張爾田對諸子學說的看法如上述，所以當梁啓超在〈論支那宗教改革〉中說孔子之教可以包容一切，今日當知尊諸子即尊孔教，兩者並行而不悖時，孫德謙是表示贊同的。但是另一方面，孫德謙也批評梁啓超在論

〔註120〕孫德謙，《諸子通考》，頁155～156。張爾田，《史微》，頁1。
〔註121〕孫德謙，《諸子通考》，頁215～216。孫德謙在解釋諸子學時有極爲現實的面向，如他就說縱橫家可爲從事外交者之借鑑，兵家亦爲用兵者所當參考。所以孫德謙認爲諸子學說雖有時詭譎不近正道，然而其術好壞端視使用者而定，不可一概廢棄。孫德謙，《諸子通考》，頁163～164、181～183。
〔註122〕孫德謙，《諸子通考》，頁29～30。但孫德謙在強調要各還諸子之宗旨的同時，又認爲諸子之言說不違六藝，並將諸子配以經說。如道家合於《易》，墨家合於《禮》，法家合於《春秋》，縱橫、小說家合於《詩》，其實也不能說是眞的「各還諸家之本眞」。龔自珍就曾對所謂「以老子配易，以孟子、鄒子配論語」的論說，答以「經自經，子自子，傳記可配經，子不可配經」。孫德謙，《諸子通考》，頁2～3。龔自珍，〈六經正名答問五〉，《龔自珍全集》（第1輯）（上海：上海人民出版社，1975年），頁41。
〔註123〕孫德謙，〈諸子要略（續）〉，《亞洲學術雜誌》1：3（上海：1922年），頁1。
〔註124〕張爾田，〈屛守齋日記〉，頁360。
〔註125〕但是其實章學誠與孫德謙、張爾田對諸子的看法甚有差距。章學誠同意諸子中言之成理者是出於六藝，也同意諸子著述的目的在於救世。但是章學誠也堅持：1.諸子僅得道體之一端。2.諸子雖言之成理，但其言說皆不具有實際政治實踐的經驗，故皆只能說是「空言」而已。甚至由於諸子各言其道，反而使「道術爲天下裂」。這和孫德謙認爲諸子之言能夠救世，同時「有諸子之言則孔子之道益尊」的看法相當不同。上述章學誠關於諸子的討論見張壽安，〈六經皆史？且聽經學家怎麼說——龔自珍、章學誠「論學術流變」之異同〉，頁287～290。

諸子時仍無法「各還諸子之眞」，排詆荀子爲小康，誣稱莊子爲大同。〔註126〕
孫德謙之出此言自有其緣由，先來看看梁啓超在〈論支那宗教改革〉中是怎
麼說的。梁啓超以孟子與莊子所傳爲大同教派，其中孟子傳《春秋》，莊子傳
《易》；另一派荀子則傳小康，所傳爲《詩》《書》《禮》《樂》，此大同小康二
派乃是孔子以後儒學的主要二支。

　　對於梁啓超如此劃定經書之所傳，孫德謙就援引劉向（西元前77-前6），
之言爲依據，說孟子並非不知《易》，〔註127〕荀子亦長於《易》與《春秋》，
故傳《易》者非惟莊子而已。〔註128〕張爾田亦補充說道「儒家者流，皆深通
六藝」，而張爾田之說乃出自〈漢書・藝文志〉。隨後張爾田即直指「梁氏學
說之誤，在其師不信漢〈藝文志〉所致」，〔註129〕張爾田此處指的即是康有爲
在《新學僞經考》中將〈藝文志〉以及〈別錄〉、〈七略〉皆一概詆爲劉歆所
僞作，而不信〈藝文志〉中所言爲眞。〔註130〕惟孫德謙與張爾田之諸子學說
既然奠基於〈藝文志〉，自與康梁所見有天壤之別。

　　當然梁啓超之論諸子尚不只此，在論定大同小康之授受源流後，梁啓超
隨即開展其小康大同二派之論。梁啓超說：

> 而自秦漢以至今日，儒者所傳，只有小康一派，無怪乎孔子之眞面
> 目不可得見也。……故二千年皆行小康之學，而大同之統殆絕之所
> 由也。〔註131〕

梁啓超文中貶抑小康一派之意甚爲顯明，其言下之意殆指稱二千年來小康之
流行，掩滅了大同派的傳衍。小康派非惟不傳孔子之眞義，甚至還有反過來

〔註126〕孫德謙、張采田著，《新學商兌》，頁38a～38b。
〔註127〕對於梁啓超論證孟子不傳《易》是因於《孟子》全書未嘗言《易》，孫張二人
　　　　亦以諸子學說貴在闡明義理大道，實不必斤斤拘泥於六經之文句而加以駁
　　　　斥。孫德謙、張采田著，《新學商兌》，頁5a。
〔註128〕孫德謙、張采田著，《新學商兌》，頁1a～3a。
〔註129〕孫德謙、張采田著，《新學商兌》，頁1b～2a。
〔註130〕康有爲在《新學僞經考》中就說：「劉歆僞譔古經，由於總校書之任，故得托
　　　　名中書，恣其竄亂。……故原僞經所能創，考古學所以行，皆由〈七略〉也。
　　　　《漢書》爲歆所作，人不盡知；〈藝文志〉即〈七略〉原文，人皆知之。今將
　　　　〈藝文志〉之〈六藝略〉條辨於先，則歆之僞盡見矣。」對於〈七略〉與〈別
　　　　錄〉，康有爲則說：「蓋人以爲〈七略〉出於劉向而信之，不知其盡出於歆也。
　　　　又以爲〈別錄〉出於劉向而信之，不知其亦僞於歆也。」康有爲，《新學僞經
　　　　考》，頁378、545。
〔註131〕梁啓超，〈論支那宗教改革〉，頁56～57。

阻礙孔子眞義傳布之嫌。至於小康派的大師荀子，毋寧爲此之罪魁禍首。〔註
132〕梁啓超隨後即申論《荀子》中所具四項綱領，以說明荀子小康之學的內容。

　　此四項綱領第一項爲「尊君權」。〔註133〕梁啓超稱荀子之學有尊君權的
特徵，蓋源於荀子「法後王」之說。法後王亦爲康梁判定荀子傳小康之學的
證據之一，孔子於君主之治憲章文武，〔註134〕所謂後王即爲禹、湯、文、武、
周公等，故荀子所傳爲君主之道。梁啓超曾析論君主之道的傳授源流說：「自
荀卿受仲弓南面之學，舍大同而言小康，舍微言而言大義，傳之李斯，行教
於秦，於是孔子之教一變，秦以後之學者，視孔子如君王矣。」〔註135〕此言
闡釋了荀子在小康一脈中承先啓後的作用，同時亦說明中國所行二千年之小
康之學，其實即爲君王之學。

　　第二項爲「排異說」，梁啓超以荀子曾著有〈非十二子篇〉爲證，指斥其
內容專門以排斥異說爲宗旨。汪中（1745～1794）曾論荀子之學有言曰：「荀
卿之學出於孔氏，而尤有功於諸經」，並詳論荀子傳授諸經的過程，梁啓超遂
根據汪中「荀子傳經」一語，說荀子之排異說的觀點與其經說同流傳於後世。
〔註136〕故後代儒者皆襲用荀子之法，相率爲門戶相爭之事。〔註137〕

　　第三項爲「謹禮儀」。梁啓超指荀子所傳者有《詩》《書》《禮》《樂》四經，
但由於荀子曾言：「凡學始於誦《詩》，終於讀《禮》。」加以《荀子》一書中言
《禮》者過半，〔註138〕故荀子雖傳承四經，最終主旨仍歸於「禮」。梁啓超於
「禮」之中尚有區隔，其中荀子之「禮」僅指禮儀，而不及「禮義」。〔註139〕

　　第四項爲「重考據」。梁啓超認爲荀子之學以訓詁考據爲重，其考據則與

〔註132〕清末首先對荀學發難者爲夏曾佑，繼之較有系統闡述排荀之說者爲譚嗣同。
　　　　梁啓超之排荀論即是受到此二人影響。相較於上述諸人排荀的言論，康有爲
　　　　的學說還可稱得上是孟荀並尊。朱維錚，〈晚清漢學：「排荀」與「尊荀」〉，《求
　　　　索眞文明──晚清學術史論》（上海：上海古籍出版社，1997年），頁334～
　　　　344。孫春在，《清末的公羊思想》，頁148。
〔註133〕梁啓超，〈論支那宗教改革〉，頁57。
〔註134〕康有爲，〈禮運注〉，收入姜義華、張榮華編校，《康有爲全集（五）》（北京：
　　　　中國人民大學出版社，2007年），頁557。
〔註135〕梁啓超，〈新學僞經考敍〉，《飲冰室文集》（二），頁61。
〔註136〕汪中，〈荀卿子通論〉，汪文甫文籤，王清信、葉純芳點校，《汪中集》（臺北：
　　　　中央研究院中國文哲研究所籌備處，2000年），頁117～119。
〔註137〕梁啓超，〈論支那宗教改革〉，頁57。
〔註138〕梁啓超，〈讀孟子界說〉，《飲冰室文集》（二），頁17～18。
〔註139〕梁啓超，〈讀孟子界說〉，頁17～18。

諸經一同傳予漢儒（此義同樣引申自汪中「荀子傳經」之說），以至於上至馬
融（79〜166）、鄭康成（127〜200），下至清之考據學，皆是出自荀子一派，
甚至於日後漢學宋學的爭論，也皆不脫荀學的範圍。〔註140〕

　　揆諸梁啓超所論此四點，他所批評荀子者大致可歸納爲兩方面，一爲荀
學對後世政治的影響，一爲荀學對後世學術的影響。在政治影響上梁啓超對
荀子的批評，主要是認爲荀學率皆以君主爲中心，其學有助於君主之教化。
梁啓超甚且直言曰：「後世民賊，乃借孔子之名，以行專制之政，則荀子之流
毒耳。」〔註141〕梁啓超逕將君主專制之惡一概歸諸於荀子，並指此爲荀子小
康之學。荀學亦因其具有維護君權的性質，使得梁啓超說：「歷代君相，見小
康之教，有利於己，大同之教，不利於己，故揚彼而抑此。而曲學阿世之徒，
亦復變其學以媚人主」，〔註142〕荀學有利於歷代君主以及阿主求榮之士所需，
使荀學得以進一步發揚。在梁啓超看來，這正是小康之教得以流行中國二千
年，使大同之教淹沒不傳的主因。

　　在學術上，梁啓超對荀學之攻訐實全立基於「荀子傳經」一語，梁啓超
並衍伸其義說荀子只傳經而不傳經義，〔註143〕荀子言禮只言禮儀而不言禮
義，即是由於荀子不傳微言大義之故。諸經既皆爲荀子所傳，那麼後世所有
學派不論漢代今文經之十四博士、考據訓詁、漢學、宋學，皆出於荀子殆無
疑義，同時以上諸學派亦與荀學相同，皆不傳經義。〔註144〕實則梁啓超之將
荀學與訓詁考據牽連在一起，確有學術脈絡的依據。荀子與古文經有極深的
淵源，如汪中即認爲古文經的《毛詩》、《左傳》皆是出於荀子的傳授，〔註145〕
而當時著名的漢學家如俞樾（1821〜1907）、王先謙（1842〜1917）或孫詒讓
等人，亦皆深治荀學。朱維錚便認爲梁啓超排荀的原因之一是因爲這些漢學
家「翼教」甚力，並攻擊維新活動，使得梁啓超連帶的憎及荀學。〔註146〕只
是梁啓超不單是指荀子與訓詁考據有關而已，更將兩千年來經義微言之不傳
歸咎於荀子。

〔註140〕梁啓超，〈論支那宗教改革〉，頁57。
〔註141〕梁啓超，〈論支那宗教改革〉，頁58〜59。
〔註142〕梁啓超，〈論支那宗教改革〉，頁57〜58。
〔註143〕梁啓超，〈讀孟子界說〉，頁17。
〔註144〕梁啓超，〈讀孟子界說〉，頁21。
〔註145〕汪中，〈荀卿子通論〉，頁117〜118。
〔註146〕朱維錚，〈晚清漢學：「排荀」與「尊荀」〉，頁343。

　　《新學商兌》在回應梁啓超時，首將荀子與後世專制政體脫鉤，張爾田認爲梁啓超指摘荀子之根據乃在荀子法後王，但此「後王」並非梁啓超所謂秦以後之君主，而是指周公文武。〔註147〕秦之專制是出於李斯（西元前280-前208），〔註148〕後代君主沿用秦制乃是出於自身之私意，〔註149〕與荀子無關。孫德謙又解釋荀子「尊君權」之意曰：「人心必有羣，羣而無分則爭，爭則亂。故曰君者，能合羣者也。是謂人羣必待君而治，故君之權，不能不尊，與論者所謂專制者不同。」〔註150〕荀子倡言尊君，是因爲有人羣則必引亂，亂則得有君出而治之，故尊君是爲了合羣而非專制。〔註151〕孫德謙甚至說荀子的「合羣」與梁啓超所謂的大同是同樣的意思，梁啓超指荀子爲小康實爲有誤。〔註152〕

　　其次是於學術上，梁啓超根據汪中說「荀子傳經」一句，推論荀子不傳微言大義。張爾田就解釋漢興群經雖然傳自荀子，但是兩漢學術在荀子之後又分兩大派，一派主今文，傳微言大義；一派主古文，傳訓詁考據。荀子之學則接近傳微言大義之今文家，與東漢馬融、鄭玄等考據之學有別，後世的考據學就更與荀子毫無牽涉。〔註153〕至於梁啓超說荀子專講禮儀而不言禮義，張爾田則評論說禮義即是寓於禮儀之中，兩者無法截然二分，梁啓超此言根本就是無稽之談。〔註154〕

　　由上可知，梁啓超在論小康荀子一派時，始終意圖建立一個小康之學＝荀子之學＝君王之學＝中國二千年來之學的論斷，而這也是《新學商兌》中所致力於反駁之處。孫張二人試圖切斷荀子與君主之學的聯繫，否認荀學是小康之學，更無法苟同梁啓超將兩千年來所有不入流的君主專制與考據學推

〔註147〕孫德謙、張采田著，《新學商兌》，頁 14a。張爾田於此似乎對康有爲的論說有所誤會，他說後王指的是周文武而非後世專制君王，惟以康有爲之意，禹湯文武周公亦皆爲後王。康有爲，〈禮運注〉，頁 557。

〔註148〕孫德謙、張采田著，《新學商兌》，頁 13a。孫德謙亦強調李斯之學不傳自荀子。類似的，章太炎亦說韓非與李斯雖然都是荀弟子，但是違背師門之教，二人之學已與荀子無關。章太炎，〈春秋左傳讀〉，上海人民出版社編，《章太炎全集（二）》（上海：上海人民出版社，1982 年），頁 80。

〔註149〕孫德謙、張采田著，《新學商兌》，頁 14a。

〔註150〕孫德謙、張采田著，《新學商兌》，頁 12b。

〔註151〕孫德謙、張采田著，《新學商兌》，頁 12a。

〔註152〕孫德謙、張采田著，《新學商兌》，頁 6a。

〔註153〕孫德謙、張采田著，《新學商兌》，頁 17b。

〔註154〕孫德謙、張采田著，《新學商兌》，頁 16a～16b。

在荀子一人身上。其實梁啓超說孔子之學有大同與小康兩大支流，但言談之中卻極爲貶譎荀學，至謂小康之學非孔子之眞面目。〔註155〕梁啓超始即開宗明義的講到孟子與莊子所傳之大同教派，才是孔子眞面目所在。惟孟子與莊子所傳又有不同，孟子傳《春秋》，莊子傳《易》。梁啓超視《易》所談爲「出世間法」，故〈論支那宗教改革〉中對莊子著墨不多，〔註156〕而是將焦點放在孟子所傳之大同《春秋》一派，並說孔子經世微言盡在《春秋》中。〔註157〕

　　孟子所傳之《春秋》既有如此地位，梁啓超亦極爲推崇孟子學說。梁啓超就曾表示「孟子之言即孔子之言」，故欲學孔子必先學孟子。〔註158〕康有爲也說孟子所主之「仁義」即等同於大同之道，〔註159〕他並對所謂的「大同之道」進行了闡釋。〔註160〕康有爲在論《春秋》三世說時，指稱孔子的大同之義乃是以民爲中心，〔註161〕質言之，大同即是以尊民權爲主義，孟子所襲之《春秋》大義，亦以抑制君主專制爲主。〔註162〕故康有爲認爲《孟子》全書皆在闡揚民權，因而有「民爲貴，社稷次之，君爲輕」之語。與尊民權相關，康有爲賦予大同的另一概念是倡言平等，所謂「無貴賤之分，無貧富之等，無人種之殊，無男女之異」，甚至「無所謂君，無所謂國」，此乃孔子大同的最終目標。〔註163〕孟子所倡論之大同亦與孔子相同，井田制度即是爲平均貧富而設，親迎禮則是爲了促進男女平權。〔註164〕

〔註155〕梁啓超，〈論支那宗教改革〉，頁56。

〔註156〕梁啓超的原文是說：「易爲出世間法之書，故今不具論。」但經由個人審視梁啓超與康有爲此時期的著作，對於莊子的大同亦所論不多，康梁師徒論大同大半皆集中於孟子身上。不過孫張二人對於梁啓超稱《易》爲出世間法亦甚不以爲然，他們認爲六經皆爲經世之學，梁啓超誤認《易》爲出世間書，是受到佛家的影響。梁啓超，〈論支那宗教改革〉，頁57。孫德謙、張采田著，《新學商兌》，頁24b～25b。

〔註157〕梁啓超，〈讀孟子界說〉，頁18。

〔註158〕梁啓超，〈讀孟子界說〉，頁21。

〔註159〕康有爲，〈禮運注〉，頁554。

〔註160〕林啓彥認爲梁啓超此時的大同論，首在發揮康有爲的春秋三世說和禮運大同思想，但具有更強烈的反專制政體的意識，故以西方民主政治和民權觀念爲其大同論的核心。林啓彥，〈戊戌時期維新派的大同思想〉，《思與言》36：1（臺北：1998年），頁49～50。關於戊戌時期維新派人士的大同觀與彼此之間的差異，亦可參見此文。

〔註161〕康有爲，〈禮運注〉，頁554。

〔註162〕梁啓超，〈論支那宗教改革〉，頁58～59。

〔註163〕康有爲，〈禮運注〉，頁555。

〔註164〕梁啓超，〈論支那宗教改革〉，頁58～59。

　　以清末《公羊》學發展的內在理路看來，康有爲將如此多的西方學說充
塡進「大同」中，其實自有其脈絡。孫春在就指出清代中葉之後，「三世說」
中隱含的演化因子隨著西學西政的輸入，而日漸浮現出來，被龔自珍與魏源
等人用以解釋古史。〔註165〕但是孫春在認爲，由據亂到升平到太平的三世說，
至多只能指出一種推移的方向，而不能具體說明其狀態。就此而論，三世說
更像是一種「史觀」的存在。是故，孫文指出《公羊》學者經常必須替「太
平」找到一種可行的制度，以推行其經世致用的政治主張。康有爲選中了〈禮
運〉中的「大同」，雖然稱不上是制度，但是揭示了一些立制的原則，大同中
描繪的理想又和西方的政制十分類似，故爲康有爲所選中似乎是偶然中的必
然了。〔註166〕

　　不過很顯然的，並不是每位《公羊》學者都能夠認同康有爲之輩的想法，
康梁之大同論乃是《新學商兌》所勦力駁斥的對象。張爾田對所謂的大同主
義有如下申論：

> 其實大同主義，惟道家足以當之。（〈禮運〉以堯舜禹湯爲小康，則
> 大同蓋指三皇也。道家出於黃帝，且爲君人南面之術，所謂不獨親
> 其親，子其子者，豈非道任自然，淸虛無爲之化乎？〈尚書・孔序〉
> 曰：「伏羲神農皇帝之書，爲《三墳》，言大道。」而〈禮運〉有大
> 道之行句，更可互證。）〔註167〕

以張爾田所論，所謂的大同主義殆指道家「君人南面之術」，所以張爾田又說
大同之「同」，意即「同原於道」，此道即指道家之道。〔註168〕大同既如張爾
田所言乃道家君人南面之學，顯然與梁啓超所言民權平等之大同相去不可以
道里計。張爾田接著又說：「孟子雖願學孔子，然著書宗旨，專屬儒家，與大
同之教絕不相符」，〔註169〕完全推翻了孟子與大同間的關係。除了解釋大同爲
君人南面之術以外，張爾田又說六經中所言君人南面之術甚多，張爾田即認
爲《春秋》的主旨是在爲君制法。〔註170〕

〔註165〕孫春在，《清末的公羊思想》，頁60～61。
〔註166〕孫春在，《清末的公羊思想》，頁 135～137、170。關於清末《公羊》思想如
　　　　何從微言大義的經世之學，發展到對西學吸納與轉化的某種思想結構，孫春
　　　　在由《公羊》學內在理路的發展所論甚詳，可參閱此書。
〔註167〕孫德謙、張采田著，《新學商兌》，頁8a～8b。
〔註168〕張爾田，《史微》，頁19。
〔註169〕孫德謙、張采田著，《新學商兌》，頁8b。
〔註170〕孫德謙、張采田著，《新學商兌》，頁34a～34b。

　　對所謂「平等」的概念，孫張二人本身亦心存懷疑，張爾田便舉〈禮運・
大同〉中之「選賢與能」一語爲例，說「選賢舉能」此一詞彙即帶有智愚高
下的判斷，豈可說大同無等級之別？〔註171〕同樣的，孫德謙對「平等」之說
發出如下質疑，他說自古以來人即有富貴貧賤、長幼男女之分別，如何能夠
達到平等？〔註172〕且《春秋》的內容「詳君臣上下之辨」，孔教倡言民權平等
之類的說法，根本就是梁啓超的囈語。〔註173〕孫德謙甚至在進入民國後，仍
對過去康梁的大同小康論抱有不滿，他抨擊康梁說大同時無所謂五倫，是意
圖外襲大同之名，而行毀滅倫常之實。〔註174〕

　　根據以上種種論斷，張爾田最後總結道：梁氏之所謂大同，與〈禮運〉
中之大同完全無關，張爾田更指出梁氏關於大同的論點，是出自英國的烏托
邦小說《百年一覺》，〔註175〕梁啓超卻據此以附會古書，乃爲張爾田所無法容
忍。其實張爾田在民國後撰寫的〈政教終始篇〉，對大同小康的見解相較此時
已有所轉變，他也轉而認爲小康是進大同以前之階梯，孔子之義乃是以大同
爲最終依歸。但張爾田還是認爲大同「首言忠恕」，而非「自由平等」，並說
康有爲之徒「張皇太過」，以致〈禮運〉篇之深意不見於世。〔註176〕

　　以上可知張爾田之反對梁啓超者，主要還在梁啓超以大同小康來詮釋儒
學，甚且以孟子配以大同，荀子配以小康，以此爲孔子之後儒學的兩大宗派。

〔註171〕孫德謙、張采田著，《新學商兌》，頁33b。
〔註172〕孫德謙、張采田著，《新學商兌》，頁33a。
〔註173〕孫德謙、張采田著，《新學商兌》，頁33b。
〔註174〕孫德謙，〈存倫篇補義〉，《亞洲學術雜誌》1：3（上海：1922年），頁2。
〔註175〕該書爲美國作家愛德華・貝拉米（Edward Bellamy, 1850～1898）所著，原名
　　　　Looking Backward, 2000～1887，1888年於波士頓出版，1891年12月至1892
　　　　年4月，在《萬國公報》的35～39冊連載，名爲《回頭看紀略》，旋即由英
　　　　國傳教士李提摩太再次節譯，名爲《百年一覺》，張爾田將《百年一覺》誤爲
　　　　英國作家所著，也許出於此因。有論者以爲康有爲在1891年採用「大同」一
　　　　詞，即與該書的中譯本不謀而合，故康有爲也許曾閱讀過書該中譯本。至於
　　　　梁啓超則曾在〈讀西學書法〉中聲稱該書雖爲小說家言，但所論頗有與〈禮
　　　　運・大同〉中之義相符合，所以張爾田稱梁啓超大同之說可能出自該小說，
　　　　此推測不無依據。另張爾田亦在〈扉守齋日記〉中提及他閱畢此書的感想，
　　　　他說《百年一覺》是「泰西說部」，內容乃是作者對百年世界後的想像，故書
　　　　中所言皆是烏托邦。上述關於《百年一覺》的簡介部分出自鄒振環，《影響中
　　　　國近代社會的一百種譯作》（北京：中國對外翻譯出版公司，1994年），頁98
　　　　～100。張爾田，〈扉守齋日記〉，頁344。
〔註176〕張爾田，〈政教終始篇〉，張爾田撰，王鍾翰輯錄，《遯堪文集》（上海：張芝
　　　　聯，1948年），頁9b～11b。

張爾田爲此多次指出大同小康並非截然二分，〔註177〕更無優劣高下之別。〔註178〕一如張爾田所論，梁啓超是以專制爲小康政體，〔註179〕並因不滿後代之專制政體而連帶的貶及荀子。〔註180〕梁啓超「喜大同則取孟子，惡小康則斥荀子」，〔註181〕以大同小康論定孟荀二子之地位與學說，頗爲張爾田所抨擊。尤其梁啓超之大同小康論中所謂專制平等云云，皆是由西學所出，〔註182〕這是張爾田不同意梁啓超論孟荀二子學說的主因之一。實孟荀之爭本爲中國學術史上爭論已久之公案，〔註183〕張爾田亦曾對兩者之學說有所綜論。張爾田意以爲孟荀雖各爲孔子之後之兩大宗派，然此二大宗派並非斷然兩橛，必得由荀而孟，方爲追尋孔子正道的塗轍，故孟荀二者不可偏廢。〔註184〕張爾田也曾批評韓愈謂荀子「大醇小疵」之後，儒者益視荀子爲非，益視孟子爲尊的情形。〔註185〕可知張爾田在解讀孟荀二子的學術思想時，實與梁啓超相去霄壤。

　　孫德謙論孟荀亦有與張爾田類似的看法。正如前述，孫德謙之治諸子學，主要方法之一是在「辨別各家宗旨」，孫德謙即以此法審視孟荀二子學說。孫德謙說孟子開宗明義即道「何必曰利，亦有仁義」，故孟子之宗旨在仁義。〔註186〕至於荀子《勸學篇》中則有言謂「學至乎《禮》而止」，故《荀子》之宗旨在於「禮」，而禮者正是孟子所忽略之處。〔註187〕面對這種儒學內部的歧異，孫德謙的看法是諸子百家宗旨本就不盡相同，一家之中亦可能各有派別，惟諸子百家既皆出於王官，最終仍殊途同歸，其宗旨雖各有所長，

〔註177〕孫德謙、張采田著，《新學商兌》，頁 32b。

〔註178〕孫德謙、張采田著，《新學商兌》，頁 6b。

〔註179〕孫德謙、張采田著，《新學商兌》，頁 12b。

〔註180〕孫德謙、張采田著，《新學商兌》，頁 14a。

〔註181〕孫德謙、張采田著，《新學商兌》，頁 16a。

〔註182〕孫德謙、張采田著，《新學商兌》，頁 44b。

〔註183〕周子同，〈從孔子到孟荀——戰國時的儒家派別和儒經傳授〉，《周子同經學史論》，頁 569～570。

〔註184〕張爾田，《史微》，頁 44。

〔註185〕張爾田，《史微》，頁 45。鮑國順認爲荀子地位之低落的確始於韓愈，韓愈首升孟子之地位於荀子之上，將孟子視爲傳承儒家道統的代表人物。但是鮑國順認爲韓愈並沒有特別貶抑荀子的意圖，只是他抬升孟子於荀子之上的學術論斷，影響此後對孟荀二子的評價甚深。鮑國順，〈荀子評價的歷史觀察〉，《儒學研究集》（高雄：復文出版社，2002年），頁 109～110。關於荀子歷代的評價亦可參見鮑國順此文。

〔註186〕孫德謙，《諸子通考》，頁 43～44。

〔註187〕孫德謙，《諸子通考》，頁 50～51。

其源則同出一源。〔註 188〕既然如此，孟子與荀子雖立說不同，然而兩者皆
得聖人之一體，可各行其是而不必伸此絀彼。〔註 189〕故孫德謙亦以此看法
為依據，批評後儒尊孟抑荀的情形。〔註 190〕對於梁啓超以大同小康附於孟
荀二子之上，並尊孟而貶荀，無怪乎孫德謙會批評梁啓超未能各還諸子之眞。

　　再細究孫德謙與梁啓超論諸子學的根本區別，孫德謙雖主張諸子之學各
有宗旨，各有其用，如道家能使君主遠離聲色誘惑而養生，陰陽家則長於天
文曆法、授民以時，墨家則於國家貧弱昏亂時言節用尚賢，〔註 191〕惟其論諸
子各家之所長絕不脫離三綱五常的範圍。梁啓超既以平等專制論諸子，則是
以西學入諸子學說，名為崇儒，其實已背離三綱五常之道。王爾敏曾說近代
諸子學的復興，原始動機在於對西學的認識與聯想，〔註 192〕也許套用在梁啓
超身上是說得通的，但是如孫德謙與張爾田二人，仍是希望以諸子來翼護孔
子儒家學說，也就不意外孫德謙與張爾田二人會不同意梁啓超的看法了。

第三節　《新學商兌》的立場與對西學的見解

　　上面兩節討論了《新學商兌》中圍繞在《公羊》與孟荀學說上的爭論，
當然，在孫德謙與張爾田批評康梁說的同時，背後反映出的是他們自己的學
術觀點。張爾田與孫德謙相較於其他批評康梁學說者，最為特殊之處在於他
們的今文學立場與篤信《公羊》上。其中最大的理由厥為他們抱有以經學經
世的企圖，並認為微言大義才能存世道以救亡圖存。是故葉德輝或章太炎等
古文家說，在孫張二人看來實有破碎大道的疑慮。當然不能說葉德輝與章太
炎就沒有經世的意圖，只是他們的詮釋經學的方向正好和張爾田與孫德謙相
反，他們認為微言大義將會有害於對經學的解讀，經學的不明也是中國傳統
典籍的危機。

　　同樣出於經世的想法，孫德謙與張爾田亦將目標轉移到諸子學，只是他
們的諸子學仍然是希望藉由諸子經世之言補充儒學，以使儒學不至於流於無

〔註 188〕孫德謙，《諸子通考》，頁 17。
〔註 189〕孫德謙，《諸子通考》，頁 50～51。
〔註 190〕孫德謙，《諸子通考》，頁 97～98。
〔註 191〕孫德謙，《諸子通考》，頁 59～60。
〔註 192〕王爾敏，〈清季知識分子的自覺〉，《中國近代思想史論》（臺北：華世出版社，
　　　　1978 年），頁 130。

用，與儒學相互發明。在這點上來說，孫德謙與張爾田仍然是站在尊孔衛聖
的立場上，而與章太炎挪揄孔子的論點不同。

那麼，孫德謙與張爾田又何以會對康梁學說如此批判呢？正如同存古學
堂最初設立的目的，如何因應西學亦是孫張二人與康梁皆需面對的難題。總
結上述兩節中《新學商兌》對康梁的批判，這樣的批判實是源於康梁的因應
西學之道，不爲孫張二人所認同。張爾田在《新學商兌》的序言中開宗明義
即道：

> 近世新學小生，其譚六藝諸子也，無不奉梁氏爲依歸。梁氏之學，蓋
> 出於其師，宗仰歐風，醉心西教，以變政之作用爲學術之趨舍。其可
> 以坿會者若《公羊》莊孟，則穿鑿之；其不可以坿會者若荀子漢宋諸
> 學，則摧拉之。假藉牽合，不顧誣聖葰經，以便其私。此梁氏一人之
> 宗旨，而非六藝諸子之宗旨也。世因信梁氏，並信其論定六藝諸子之
> 言，謬種流傳大江南北，滔滔未已，良可慨也。〔註193〕

張爾田直指梁啓超學說的基礎其實是源於西學，並以變法改革爲其學術的最
終目的。這就導致梁啓超爲了變法而對《公羊》諸子學說行穿鑿附會之能事，
在張爾田眼中，簡直是以己之意爲聖人之意。〔註194〕且如張爾田所言近世
新學小生率皆以梁說是從，則此六經諸子之謬說亦將流傳天下，豈不令人深
懼！

張爾田指責梁啓超是「附會穿鑿」並不冤枉，如前述梁啓超就以專制爲
小康，而貶荀子；以民主平等爲大同之說，而尊孟子，然而〈禮運〉中之大
同豈如梁啓超所言，具有民主平等的概念？這與梁啓超將平等自立附會於
《公羊》如出一轍，張爾田就指稱梁啓超的「專制平等之說，是從西說坿會
得來」，〔註195〕絕非出自中國典籍。梁啓超在〈讀孟子界說〉中就以井田與
重民之仁政爲例，說這些都是西方國家今日日已實行，可惜仍未得孟子大同

〔註193〕孫德謙、張采田著，《新學商兌》，頁 1a～1b。
〔註194〕有趣的是梁啓超日後與康有爲之學術見解分道揚鑣後，他也曾批評康有爲設
　　　　孔教會、定孔教爲國教的行爲，梁啓超表示這是「各自以爲孔教，而排斥他
　　　　人以爲非孔教。……寖假而孔子變爲董江都、何邵公矣，寖假而孔子變爲馬
　　　　季長、鄭康成矣，寖假而孔子變爲韓退之、歐陽永叔矣，寖假而孔子變爲程
　　　　伊川、朱晦庵矣，寖假而孔子變爲陸象山、王陽明矣，寖假而孔子變爲顧亭
　　　　林、戴東原矣」。此段話用以形容前此之梁啓超，亦極爲貼切。梁啓超，《清
　　　　代學術概論》（臺北：里仁，1995 年），頁 74。
〔註195〕孫德謙、張采田著，《新學商兌》，頁 45a。

之真義者。〔註196〕表面上看似是西方國家的政治與孟子之義暗合（甚至還
不及孟子），若究其實，根本是以西方學說來解釋孟子之學。張爾田這樣的
批評也不是只針對康有為與梁啓超而已，他對王闓運墨子注亦曾大感不滿，
批評王闓運是穿鑿附會西學，〔註197〕孫德謙同樣也以附會格致之學抨擊陳
澧的墨學研究。〔註198〕

　　實際上張爾田本人絕非對西學全不措意的迂腐之輩，張爾田在閱畢《天
演論》後有心得如下：他說若非格致學大明，無從得知此進化之理，〔註199〕
言下對《天演論》頗表推崇。對於阮元在《籌人傳》中譏評西人易地球中心
說為太陽中心說，是西人不能堅守前言，張爾田亦替西人維護道：「不堅守
前說，西學所以精也。」〔註200〕顯然張爾田對西學是抱持著某種讚揚的態
度。〔註201〕可見張爾田所厭惡者不在西學本身，而是在於隨意比附中西的
這種言論。對於這種中西比附的學說，張爾田曾有感而發道：「一經隔海，
同屬人類，思想資源豈能碩異。比量可也，坿會則非矣。近人讀西書者多有
此病。」〔註202〕張爾田既然認為康梁等人是「穿鑿附會古籍」以為其邪說
之根據，豈能不辨？

　　基於上述原因，張爾田在《新學商兌》末尾總結梁啓超的學說道：

> 其得力處，皆不出於六經諸子，界限不清，宗旨襍糅，合牛溲馬勃
> 於一。治新學小生，尚以梁氏為深通中學者，能不為其所惑歟？使
> 其言盛行，則人必疑東方之教不如西方遠矣！〔註203〕

所謂「界線不清，宗旨襍糅」，指的就是梁啓超以中學比附西學的新學。張爾

〔註196〕梁啓超，〈讀孟子界說〉，頁18～19。
〔註197〕張爾田，〈屋守齋日記〉，頁366。
〔註198〕孫德謙，《諸子通考》，頁220～221。
〔註199〕張爾田，〈屋守齋日記〉，頁343。
〔註200〕張爾田，〈屋守齋日記〉，頁355。
〔註201〕又如張爾田曾執中國之五行與西方化學相比較，他說：「閱五行大義，印度四
　　　　大地火水風，中國五行金木水火土，即化學家所謂原質也。陰陽則正負符號
　　　　耳，本無奇特。乃漢儒之談物也，不以為實質，而以之為法式。無論何學，
　　　　無不以此分配之，致為後人所笑。吾嘗謂中土貫習喜談物則而不知精驗物質，
　　　　觀此益信。」其言顯然不認同漢儒用金木水火土這五項「法則」來歸納物質，
　　　　甚至有在學術研究的方法上更為推崇西方的傾向。張爾田，〈屋守齋日記〉，
　　　　頁353。
〔註202〕張爾田，〈屋守齋日記〉，頁341。
〔註203〕孫德謙、張采田著，《新學商兌》，頁45a。

田根本不承認梁啓超所言是「中學」，但是梁啓超之言卻可能對後人學子造成誤導。正如張爾田在初見《時務報》時所言：「大抵邪說誣民，亦必依附些少眞理，非是則不能動人。」〔註204〕就是這種揉合邪說與眞理的言說使張爾田深懼，因爲這對於眞理的殺傷力更加強大，更易使人信服。尤有甚者，梁啓超既執西學之尺規畫定中國之學問，則中學之遠下於西學幾不言而喻，然而中學豈眞如梁氏所詮釋者哉？張爾田對梁啓超的這種評語，不免讓人想到清代中期著名的反漢學家方東樹（1772～1851），他在《漢學商兌》中批評漢學考證家道：「名爲治經，實足亂經；名爲衛道，實則畔道。」這大概極爲符合孫張二人對康梁學說的觀感。方東樹接著又說「昔孟子不得已而好辨，欲以息邪說，正人心」，〔註205〕此亦是孫張二人之心曲，難怪孫張二人以《新學商兌》名此書。〔註206〕實際上《新學商兌》的寫作體例亦完全仿自《漢學商兌》，即「摘錄原文，各爲辯證於下」，〔註207〕孫張二人欲效法方東樹的心意甚爲顯明。

　　在息邪說、正人心上，雖然張爾田與葉德輝之學術見解不盡相同，保教之心理卻是相通的。葉氏之說法正可佐證張爾田此段所言，葉德輝曾批評梁啓超「襲西人創世紀之文及佛經輪迴之旨，本其師說，瀆亂聖經」，〔註208〕又說：「人之攻康、梁者，大都攻其民權、平等、改制耳，鄙人以爲康、梁之謬，尤在於合種、通教諸說。」〔註209〕葉氏所言與張爾田雷同，所擔憂的正是梁啓超假藉西說以淆亂中學道統的言論，將導致中學自身的淪喪。賓鳳陽（1861-？）也曾表示梁啓超等人的言論「非西學，實康學耳」，〔註210〕此論斷與張爾田、葉德輝之立意皆甚爲相同。

　　其實再論以中國傳統學術經世的這層苦心看來，孫張二人與康有爲乃至

〔註204〕張爾田，〈屛守齋日記〉，頁363。

〔註205〕方東樹，〈序例〉，《漢學商兌》（臺北：廣文書局，1977年），頁14。

〔註206〕張爾田曾在早年的論學筆記〈屛守齋日記〉中提到「閱方東樹《漢學商兌》，門戶聚訟之作。方氏有《書林揚觶》，箴砭時流，命誼殊高。」言下之意，雖然對《漢學商兌》門戶聚訟的意圖不甚認可，但對方東樹敢於箴砭時流的態度卻頗表讚揚。張爾田，〈屛守齋日記〉，頁343。

〔註207〕方東樹，〈凡例〉，《漢學商兌》，頁16。

〔註208〕葉德輝，〈正界篇上〉，蘇輿編，《翼教叢編》，頁194。

〔註209〕葉德輝，〈與俞恪士觀察書〉，蘇輿編，《翼教叢編》，頁369。

〔註210〕賓鳳陽，〈嶽麓書院賓鳳陽等上王益吾院長書〉，蘇輿編，《翼教叢編》，頁300～301。

葉德輝，又沒有如此巨大的壕溝。正如同孫春在說康有爲等人的《公羊》思
想，乃是清季最後一波以傳統學術應對世局的努力，這其實也代表他們對中
國傳統學術與基本價值仍然認可，致力於「以西入中」的康有爲亦不例外。
這大概可以解釋在入民國後，孫德謙、張爾田與康有爲何以同樣都列名孔教
會。只是康有爲致力於表彰孔聖的學說，卻反過來對孔學造成了強大的衝擊，
所謂「本意尊聖，乃至疑經」，這不能不說是康有爲「鑿空說經」的後果。

若以後見之明來看，張爾田與孫德謙的對康有爲學說的擔憂可說是一語
中的，雖然這似非康有爲的本意。王汎森在《古史辨運動的興起》中就提及
康有爲的學說如何影響到下一代的五四青年顧頡剛（1893～1980），並引發
了一場驚天動地的疑古運動，將上古信史給全部推翻。余英時也說康有爲的
「孔子改制」和「大同」說是在賦予經典新的詮釋時，以西方的「道」來代
替中國原有的「道」，此後中國的知識份子便走上「向西方尋找眞理」的道
路。然而康有爲這種以傳統經典來掩蔽西方的「道」的方式，到了五四時亦
遭放棄，五四青年開始尋求「全盤西化」，甚至將中國傳統視爲邁向現代化
的阻礙。〔註 211〕這不得不說康有爲之說乃是導致這種結果的源頭之一。民
國 24 年當孫德謙逝世後，張爾田就說：「頃乎於廠肆買得弟與益葊昔年合著
《新學商兌》一冊。此書光緒三十四年，曾在蘇州存古學堂排印，去今二十
九年矣。書久敝庋不存，今日觀之，乃如燭照數，信吾兩人先見之不謬。」
〔註 212〕感慨之情溢於言表。

有趣的是，存古學堂中之人並非全部皆如孫張二人般反對「以西入中」
的經世之方，此即西學源出中國說的運用。如此一來，他們又如何兼顧其尊
經衛道的企圖？他們如此的做法又與康梁有何二致？這是下一章要討論的目
標。

〔註 211〕余英時，〈中國文化危機及其思想史的背景〉，《歷史人物與文化危機》（臺北：
　　　　　三民書局，2008 年），頁 162～163。
〔註 212〕張爾田，〈論學書五首〉，頁 90。

第四章　西學的對應與傳統思想資源的援用

　　西學的傳入在 1860 年後逐漸加深加快，[註1] 余英時曾指出 19 世紀末葉到 20 世紀初年這段時間，中國知識分子爲西方文化所震懾，並開始對自己的文化傳統失去信心。[註2] 此可見得清末西學的來勢洶洶，引發中國學人的危機意識。正如第一章所述，存古學堂亦是設立於此時局背景之中，在此背景下，部分存古學堂學人採取了與前述張爾田與孫德謙完全不同的態度因應西學，他們援用了「西學源出中國說」，試圖應變西學帶來的危機與變局。本章企圖討論他們究竟是出於何種動機援用西學源出中國說？而他們的西學源出中國說又帶有什麼特徵？運用西學源出中國說眞的有助於了解西學，並維護中學的地位嗎？還是帶來與其企圖恰恰相反的結果？

第一節　西學源出中國說的動機與特徵

　　當近代中西學交會時，有時人援引中國古籍的內容，申論西學皆出自中國古有之典籍，此即爲「西學源出中國說」。全漢昇（1912〜2001）指出西學源出中國說其實是遠承魏晉時流行的「老子化胡說」，老子化胡之說的大意是：佛教是由老子教化而出，故中國人信仰佛教並非宗師夷狄，反而是中國

[註1] 可參見熊月之，《西學東漸與晚清社會》（北京：中國人民大學出版社，2010年），頁 8〜12。

[註2] 余英時，〈中國知識分子的邊緣化〉，《中國文化與現代變遷》（臺北：三民書局，1995年），頁 45。

勝於夷狄的表徵，魏晉時人即藉此說來建立信仰佛教的正當性。〔註3〕嗣後老子化胡說爲明末的徐光啓（1562～1633）與熊明遇（1579～1649）所援用，發展爲西學源出中國說，再經由康熙（1654～1722），與阮元的闡發，成爲清末士人面對西學的思想模式之一。〔註4〕

西學源出中國說在清代最爲盛行的時間大約是光緒戊戌年間，直到20世紀初因受到攻擊而漸被放棄。〔註5〕當此說盛行時，運用西學源出中國說來解釋西學者極眾，如陳澧、陳熾（1855～1900）、劉嶽雲（1849～1917）、康有爲及梁啓超等人皆曾採用西學源出中國說來闡釋他們對中西學的看法，且比附的範圍並不限於自然科學，尚含括社會科學、音樂、文字等各項西學，〔註6〕存古學堂學人中亦有人採用此說。任教於湖北存古學堂的馬貞榆，在解釋〈尚書・堯典〉中的「后稷播時百穀」一句時就說：「《周禮・地官》草人有土化之法，其源必開於后稷，而爲今日農政化學之開端。」〔註7〕至於同樣出自〈尚書・堯典〉中的另一句話：唐、虞「五載一巡守」，馬貞榆則引申爲殷高宗武丁曾六度南巡，而西洋國王也往往遊歷異國，英國太子與暹羅太子皆曾入水師學堂學駕駛，此舉深得殷高宗遺意。〔註8〕馬貞榆對西方農政化學及王室出國遊歷皆有意仿效，所以他有結語說道「今日中國亦當爲之」。但馬貞榆同時亦不忘聲明：「今之學西學者，固以將修復古者專門之業矣。乃初涉其藩籬，即敢肆言，謂孔孟之書爲無用」，〔註9〕他指出學習西學其實是在規復古學，並藉此抨擊說孔孟之書爲無用者，其實是不懂古學。

同樣任教於湖北存古學堂的王仁俊，更以西學源出中國說的論點爲人所知，而被後來的研究者評爲清末西學源出中國說的集大成者，其說則備載於《格致古微》一書中。〔註10〕實際上在清末民初之時，王仁俊的《格致古微》

〔註3〕 全漢昇，〈清末的西學源出中國說〉，《嶺南學報》4：2（廣州：1935年），頁57～58。

〔註4〕 雷中行，《明清的西學中源論爭議》（臺北：蘭臺出版社，2009年），頁51。關於西學源出中國說從明末以降至清末的發展情形，亦可參見雷中行此書。

〔註5〕 王爾敏，〈十九世紀中國士大夫對中西關係之理解及衍生之新觀念〉，《中國近代思想史論》，頁50。

〔註6〕 詳見全漢昇，〈清末的西學源出中國說〉，頁74～89。

〔註7〕 馬貞榆，《馬氏經學叢刊・尚書要旨》（出版地、出版社不詳，清刻本），頁12a。

〔註8〕 馬貞榆，《馬氏經學叢刊・尚書要旨》，頁36b。

〔註9〕 馬貞榆，《馬氏經學叢刊・尚書要旨》，頁38a～41b。

〔註10〕 全漢昇，〈清末的西學源出中國說〉，頁89。

就算不能說是人盡皆知，也具有某種程度的知名度。劉師培在重寫周末學術史時，就說自己不像「近人喜以中國舊籍與西國科學書相證，如《格致古微》諸書是也」，〔註11〕章太炎也在講說保存國粹的重要性時，特別聲明：「兄弟這話，並不像做《格致古微》的人，將中國同歐洲的事，牽強附會起來。」〔註12〕雖然皆是批評《格致古微》之語，亦反面證明王仁俊此書在時人表述中，已經以將中學比附西學的論說而著稱。到了五四時，五四青年陳獨秀還以《格致古微》為西學源出中國說的代表，並大肆抨擊之。〔註13〕這些批評正可表明時人對王仁俊的西學源出中國說言論，往往視之為「牽強附會」，批評的背後之意彷彿認為王仁俊是敝帚自珍，想要自抬中學的身價，但是其實王仁俊寫作《格致古微》自有其關懷所在。

王仁俊在《格致古微》序言中自陳：「竊維力圖自強，不外格致。雖采西學，實本中書」，〔註14〕道出他寫作《格致古微》背後的動機，一在講求格致以尋求自強之道，二在申述西學的中學源頭。雖則王仁俊的確帶有維護中學的企圖，卻絕不只是如上述批評者所言，僅僅為了表彰中學的身價而已。且正如同本文在緒論中所說的，傳統中學乃是中國士人用來了解並面對新知的憑藉，〔註15〕王仁俊的西學源出中國說，正是利用傳統資源以吸收新學的方式之一。

那麼，王仁俊究竟是如何解釋他的西學源出中國說的？王仁俊指出現今泰西與中國的通商之法早見於《易》中，即「日中為市，致天下之貨；交易而退，各得其所」此段所言。〔註16〕他又補充說道，現今的西方是以無用之貨物與中國交易，藉此耗損中國的國力。然則中國早有此說，並以此法為馭夷之術，是故泰西諸國不過是剽竊中國古人的方法，再轉而施予中國罷了。〔註17〕既然中

〔註11〕劉師培，〈周末學術史序‧理科學史序〉，《國粹學報》第3期，頁329。

〔註12〕章太炎，〈東京留學生歡迎會演說辭〉，頁276。

〔註13〕陳獨秀之原文乃在批評國粹論者抱殘守缺的心態，並指出國粹論者有三派，其中第三派「以為洲人之學，吾中國皆有之。《格致古微》時代之老維新黨無論矣，即今之聞人、大學教授，亦每喜以經傳比附科學，圖博其學貫中西之虛譽；此種人即著書滿家，亦與世界學術，無所增益；反不若抱殘守缺之國粹家，使中國私有之文史及倫理學說，在世界學術史上得存其相當之價值也。」陳獨秀，〈隨感錄〉，《新青年》4：4（上海：1918年），頁342。

〔註14〕王仁俊，〈格致古微略例〉，《格致古微》（北京：北京出版社，1998年），頁55。

〔註15〕葛兆光，〈應對變局的經學──晚清對中國古典的重新詮釋（一）〉，頁1～2。

〔註16〕王仁俊，《格致古微》，頁58。

〔註17〕王仁俊，《格致古微》，頁89。

國早已有此說，王仁俊最終不忘強調在學習這些西學的同時，「但當自責以今人之不如古人，正不必自諉於中國之不如外國也」，〔註18〕他強調中國並非不如外國，只是「現今」的中國不如古人罷了。王仁俊更表明根據西學而言中學無用者，是不讀中國古書，只知西而不知中，〔註19〕呼應了王仁俊在序言中所謂「雖采西學，實本中書」的主旨，亦可見王仁俊一面試圖採納西學，卻又必須對中學有所翼護的心態。

但是《格致古微》被稱為「西學源出中國說」的集大成者，亦有其值得思考之處。也許可以先從西學源出中國說在清朝的發展，來審視這個問題。清朝的西學源出中國說首發於康熙，在《數理精蘊》中就提到周末疇人子弟失散，數學向海外傳播，此為西學之所本。〔註20〕康熙的話奠定了西學源出中國論在清朝官方言論的地位，使得恭親王等人能夠持康熙之言，做為設立天文算學館的根據。〔註21〕阮元《疇人傳》也是立基於康熙的論點，對西方曆法算學出自中國的說法，建立更堅實的基礎。〔註22〕上述恭親王與阮元運用的西學源出中國說，又可見一特徵，即他們皆是以曆法算學為論說的核心，這種特徵亦為王仁俊所延續。王仁俊在略例中就以康熙做為立論的典範，說康熙「於借根之方，三角之論，抉西算之原，為生民所未有」，《格致古微》即尊奉康熙之意。〔註23〕以《格致古微》中實際所論西學看來，內容亦泰半集中於曆法算學。

至於說王仁俊為西學源出中國說集大成者的論斷，應首先出現於全漢昇〈清末的西學源出中國說〉一文，他說：「以上所述〔諸人之西學源出中國說〕，都是散見於各人的著述中，記載很零碎，而使牠成為系統的整個的著作者是王仁俊氏。」〔註24〕由此推敲全漢昇之言，是在王仁俊能夠將西學源出中國說匯為一本系統的著作上，推舉王仁俊為集大成者。嗣後楊聯陞（1914～1990）亦說當時「以中證西，認科學（西學）為中國所固有」，並有成書可觀者至少有王仁俊與劉嶽雲二人，〔註25〕並視此二家之書為中國科學史的資料總匯。〔註26〕全

〔註18〕王仁俊，《格致古微》，頁140。
〔註19〕王仁俊，《格致古微》，頁137。
〔註20〕愛新覺羅·玄燁撰，〈周髀經解〉，《御製數理精蘊上編》卷1（臺北：臺灣商務印書館，1983年），頁799～8。
〔註21〕雷中行，《明清的西學中源論爭議》，頁55。
〔註22〕雷中行，《明清的西學中源論爭議》，頁46～47。
〔註23〕王仁俊，〈格致古微略例〉，頁55。
〔註24〕全漢昇，〈清末的西學源出中國說〉，頁89。
〔註25〕楊聯陞，〈與王爾敏論學書〉，《中華文化復興月刊》3：3（臺北：1970年），

漢昇之斷定王仁俊為集大成者，是立於王仁俊歸納整理前人西學源出中國說的基礎上，惟在王仁俊之前的西學源出中國說，率皆以曆法數學為核心。楊聯陞又說王仁俊之書可為「中國科學史」的資料總匯，由以上諸說，大致可以斷定《格致古微》之作為「西學源出中國」的集大成者，主要範圍還是集中在科學格致的中西比附上，而少及日後從西方及日本傾洩而出的社會科學理論著作。〔註27〕

　　由廣東存古學堂教習楊壽昌所撰，成書年代較晚於《格致古微》的《經學大義》，更進一步執西方思想學說與經義相配合，而不再限於格致科學了。雖然難以證明雙方成書年代的些微差距，是否是導致這種差異的原因，不過楊壽昌的《經學大義》大約成於光緒31年至宣統3年，王仁俊《格致古微》則是成於光緒22年，要早於楊壽昌近10年，這10年間西學的輸入也經歷轉變，熊月之就認為光緒28年到30年間，中國的輸入西學已由器物、技藝等物質文化轉為思想、學術等精神文化為主。〔註28〕

　　楊壽昌對《易》的經義有如下申論，他說：「《易》也者，所以著明變易之用也。其所以須變易之原理，為其隨時也。其所以為變易之標準，將以從道也。道也者，自其標準而言，則有定者也。所謂通久利神是也。……通久利神，進步之代名詞也。」〔註29〕楊壽昌藉由《易》之經義來申明變易的重要性，指出《易》之道即等於變。其實變的信仰本就是《易》原已具有的涵義，〔註30〕清末亦不乏援用《周易》來申論變通的合理與必要者，如王韜（1828～1897）引用《易》之「窮則變，變則通」一語，說明向歐洲求富強之道的重要性；〔註31〕

頁 55。

〔註26〕 王爾敏，〈晚清實學所表現的學術轉型之過渡〉，《中央研究院近代史研究所集刊》52（臺北：2006 年），頁 31。

〔註27〕 有趣的是，《格致古微》在一年之後改名為《格致菁華錄》，內容上兩者幾無差別，較大的不同在於王仁俊將原先置於書末的西方科學綱目索引轉置於書首，同時將原先作為目錄的中國經典轉置書末。朗宓榭（Michael Lackner）認為這樣的轉變代表王仁俊不再是以孔子的眼鏡來看西方，與之相反，是透過某種西方的眼鏡來看孔子，這象徵中西交匯的一個新階段。朗宓榭，〈源自東方的科學？——中國式「自斷」的表現形式〉，《二十一世紀》4（香港：2003 年），頁 92。

〔註28〕 熊月之，《西學東漸與晚清社會》，頁 11。

〔註29〕 楊壽昌，《經學大義·周易》，頁 1a。

〔註30〕 如程頤〈易傳序〉第一句話就說：「《易》，變易也，隨時變易以從道也。」〔宋〕程頤，〈易傳序〉，《易程傳》（臺北：世界書局，1977 年），頁 1。

〔註31〕 王韜，〈變法中〉，《弢園文錄外編》（瀋陽：遼寧人民出版社，1994 年），頁 22～23。

嚴復（1854～1921）則指稱斯賓賽爾（即斯賓塞，Herbert Spencer, 1820～1903）
的天演論與《易》所言之「乾其靜也專，其動也直」，兩者意義相同。〔註32〕
與他們的言論類似，楊壽昌也將變易與進步相牽合，並將進步視爲《易》之道。
〔註33〕根據這個結論，楊壽昌相當憤慨的反駁中國只有保守主義而無進步主義
的說法，指出《易》即是以進步爲主義，就算《易》有保守，亦爲「進步之保
守」。〔註34〕楊壽昌亦不忘強調斯賓塞、赫胥黎與頡德（Benjamin Kidd, 1858～
1916）的天演進化論，皆是「吾中國早已發明其理於數千年前，而人顧習焉不
察，而莫之用乎！」〔註35〕可說楊壽昌會對《易》有如此解讀，與嚴譯《天演
論》在中國的流行不無關聯。在陳述了《易》具有西方天演進化的觀念後，楊
壽昌同樣也痛惜中國不知運用這樣的經義，以致今日反爲西方人所超越。

　　當然，就以上馬貞榆、王仁俊與楊壽昌的言論看來，雖則比附的範圍不
同，他們的西學源出中國說仍共同具有的特點，就是皆致力於申說中國古代
並非不如西方，只是中國人不知保守並善用古聖賢之說而已。就他們的言論
而言，說學習西學與尊孔衛聖這兩個看似相反的論點，其實是一而二、二而
一的命題，亦不爲過。他們同樣是希望在學習西學的同時，維持中國聖賢義
理地位之不墜，另一方面又賦予學習西學合理性，這也是清末持西學源出中
國說者所共有的心理。〔註36〕或者也可以說，他們致力的目標是在賦予經學
致用性，以維新古學。

　　問題在於，他們如何解釋西學源出中國，但現今的中國卻反而不如西方的
這種現象？上述諸位存古學堂學人較具有共通點的解釋是：中國所擅長者在德
行上的、形上的、本的，西方則是擅長道藝的、形下的、末的。〔註37〕若以中
國古代的發展來看，堯舜唐虞之時的中國可說是本末兼具，形上與形下兼顧，

〔註32〕嚴復，〈譯《天演論》自序〉，〔英〕赫胥黎（Thomas Henry Huxley）著，嚴復
　　　譯，《天演論》（北京：商務印書館，1981年），頁 ix。
〔註33〕王中江，《進化主義在中國的興起——一個新的全能式世界觀》（北京：中國
　　　人民大學出版社，2010年），頁 86。
〔註34〕楊壽昌，《經學大義・周易》，頁 1a。
〔註35〕楊壽昌，《經學大義・書經》（出版地不詳：高等學堂，清宣統間鉛印本），頁
　　　5b～6a。楊壽昌，《經學大義・周易》頁 1a～1b。
〔註36〕王爾敏，〈中西學源流說所反映之文化心理趨向〉，《中央研究院成立五十周年
　　　紀念論文集》二（臺北：中央研究院，1978年），頁 806～807。
〔註37〕馬貞榆，《馬氏經學叢刊・尚書要旨》，頁 41a。楊壽昌，《經學大義・周易》，
　　　頁 26b。俞樾，〈格致古微序〉，王仁俊，《格致古微》，頁 52。

只是日後的中國開始愈形輕視形下之學，才導致今日中國不如外國的局面。〔註38〕故中國如今只需找回古代失傳的聖人之道，中國即可追上西方的腳步。更有甚者，馬貞榆還宣稱西方只不過在物質層面勝過中國，但是德行精神方面仍較中國為下。〔註39〕存古學堂中亦有其他人有類似的看法，且對此做了進一步的申論。傅守謙就在讀畢《元史‧食貨志》後表示元代之所以能夠興盛，正是由於元代援用了中國古聖賢之說，古聖賢之說並藉著元代版圖的擴張而傳入歐洲，成為今日歐洲富強的根基。至於元代何以享國不久，傅守謙則認為這是由於元代只得古聖賢富強之道，於教化之道有所缺失，承繼元代的歐洲諸國就更是如此。故歐洲諸國所缺失的教化之道，正需由中國來補強。〔註40〕

　　曹元弼對上述觀點還有更進一步的申論，他說：

> 今中國所以弱者，由古學名存而實亡。西國禮俗雖異，而立國之本，未嘗不得中國古道之一偏。得其偏，猶富強，況得其全而實行之乎？今欲強中國，必自深明古學大義始。明古學大義，而後知三綱五常，所以奠安萬萬生靈，而後能力學猛進以紓君父之憂，濟生民之命，而後能措正施行，有利無弊，易危為安，轉弱為強，君民同慶。存古學堂之設，實相國謀國之至計，救時之苦心。〔註41〕

曹元弼此處西國的立國之本指的無疑是中國的三綱五常、古學大義，曹元弼並將古學與富強相勾連，他指出現今中國之所以弱小，是由於不明真正的古學。曹元弼甚至表示西方僅得中國古道的部分而已，就能達到如此的功效，更遑論古學所出的中國。這其實是「西學源出中國說」說學西學能夠復古學的反向援用，雖然曹元弼的目的仍在於追求富強，但臻至此目標的方法並非學習西學，而完全是恢復中國古學了。在曹元弼的解釋下，設立存古學堂以恢復古學也是追求富強的管道之一。實際上以前述諸人的「西學源出中國說」看來，他們皆對中國古學持讚揚的態度，曹元弼有此結論並不突兀。致力於維護中學的地位，並指出中學有適用於今之處，可說是存古學堂諸人在論證西學源出中國說的共通點。

　　有趣的是，在這樣的群體特徵之下，並不代表他們彼此的論述毫無扞格之

〔註38〕王仁俊，《格致古微》，頁124。馬貞榆，《馬氏經學叢刊‧尚書要旨》頁19a～19b。楊壽昌，《經學大義‧周易》，頁26b。

〔註39〕馬貞榆，《馬氏經學叢刊‧尚書要旨》，頁41a～41b。

〔註40〕傅守謙，〈書元史食貨志後〉，《達可齋文初集》卷二，頁19a～22a。

〔註41〕曹元弼，〈上南皮張孝達相國書〉，《復禮堂文集（一）》，頁856。

處。雷中行認爲王仁俊在《格致古微》中其實並非企圖眞正解釋自然現象，而
是在解決清末的西學中源說根據不足的問題。〔註42〕易言之，西法如何並不是
王仁俊眞正關心的，試圖強化西學源出中國說的理論根據才是王仁俊的目的。
雷中行有此結論不無道理，王仁俊就曾在書中同時指稱地動說、天動說及地動
天不動說是分別源於《易緯》及《書緯》，卻無意判別這些相互矛盾的天文理論
的正確性。〔註43〕再如王仁俊在書中曾多次論及「火礮」的由來，及中國以往
運用火礮而獲得軍事勝利的例子，顯然他是意識到了「火礮」在中國尋求軍事
勝利上的重要性，但《格致古微》中卻對火礮如何製作一無所論。〔註44〕以上
在在顯示王仁俊講求的並非西學西說背後眞正的原理，《格致古微》中所論只是
王仁俊在尋求富強的主旨下，編排整理出的一些不具有系統的、脫離原有社會
脈絡的「資訊」。〔註45〕在此情形下，《格致古微》自然無法提供完整、正確學
習西學的管道。正如同雷中行所言，王仁俊所用以理解西方格致之學的基礎，
仍是傳統中國的五行論或宇宙觀，所以書中的各項格致之理顯得新舊雜陳紛
亂，〔註46〕若欲藉由《格致古微》系統的了解西方格致之學，甚有難度。

　　以下再舉一例以說明王仁俊的論點，王仁俊在書中曾提到「泰西文字」
亦嘗見於中國古籍，〔註47〕這裡的泰西文字即指「佉盧文」，是中亞地區的一
種文字，與西方拼音橫寫文字看起來相當類似。在書中王仁俊也指出埃及象

〔註42〕雷中行，《明清的西學中源論爭議》，頁 99。
〔註43〕王仁俊，《格致古微》，頁 70。
〔註44〕王仁俊，《格致古微》，頁 84～85。
〔註45〕劉龍心曾考察科舉改試策論之後的試題、參考書乃至考生的答卷，他認爲當
　　　時改試策論的內容不外乎以追求富強爲主的「實用之學」，可說是晚清變法改
　　　革的延伸。當時爲了策論而出的「策論參考書」，其編排擇取中學或西學知識
　　　也皆是以實用爲準則，不盡然能夠反映中學或西學原有的知識脈絡。劉龍心
　　　認爲這種較不具系統的、只爲了實用的目的而產生的策論試題或參考書，充
　　　其量只能說是一種「資訊」。個人認爲王仁俊《格致古微》中的西學知識與策
　　　論所反映出的知識取向極爲類似，故本文借用此概念來形容《格致古微》。劉
　　　龍心，〈從科舉到學堂——策論與晚清的知識轉型（1901～1905）〉，《中央研
　　　究院近代史研究所集刊》58（臺北：2007 年），頁 116～124。
〔註46〕所謂的宇宙觀即是指對天體星空的整體觀，雷中行認爲王仁俊仍是沿用明末
　　　清初的「三際說」作爲其理解地球構造的基礎，三際說的原型則來自「亞里
　　　斯多德－托勒密體系」，在此體系中，認爲地球氣層的三際僅僅是宇宙的一部
　　　分，其外是充滿天域的各層水晶球殼，其內是包覆著地心而外的土層與水層。
　　　至於五行論則是運用五行相生相剋的原理，來解釋西方化學或現今的物理
　　　學。上所論可詳見雷中行，《明清的西學中源論爭議》，頁 83～91。
〔註47〕王仁俊，《格致古微》，頁 140。

形文字亦是出自中國古代結繩之法。〔註48〕但是若詳加推敲，泰西文字如何書寫似乎與自強之道無甚相關，這似乎隱約透露出論證「何項西學古已有之」，本身就是王仁俊寫作《格致古微》的目的。正如俞樾在〈格致古微序〉中所言，《格致古微》是意圖「使人知西法之新奇可喜者，無一不在吾儒包孕之中」，〔註49〕這亦可證說王仁俊是冀圖將已知之西法西學皆納入中學之下，至於此項西學能否「自強」反而在考量的其次了。

　　相較於上述的論點，同樣在《格致古微》中，王仁俊指稱西人「子女二十一歲即可自主婚嫁，不必請命於父母；若子毆父，則其刑罰與父毆子同」的這兩種現象，是源於墨子的「兼愛」之說。王仁俊接著卻援引孟子批評墨子「無父」的言論，批評西方人效法墨子是無知，〔註50〕顯然王仁俊是無法苟同西方人這兩項律法規定。再如王仁俊又說西人薄葬其父，亦是源於墨子的「節葬」，同樣都是無父不孝的行為。王仁俊似乎認為西人中崇尚節葬者以耶穌教為尤甚，〔註51〕故此王仁俊有言曰：「天主之教無父無君，不可以證古書」，〔註52〕其言談之中對西方耶穌教極表不滿。以上所言皆可表明王仁俊對西學絕非不加別擇的接受，而是自有其衡判的標準，此標準則大率以三綱五常為準則。全漢昇認為西學源出中國論者是變相的為學習西學開一道方便法門，〔註53〕王仁俊亦然，但他這種強調三綱五常的心態，終究還是對西學的採納加了一道限制。這也可以解釋何以王仁俊在《格致古微》中所援引的西學似乎是缺乏系統的、甚至相互矛盾的，而且也不見得與「自強」完全相關。正如王仁俊所自陳，其論西學的標準為「片語合道，雖近賢而必采；一言違聖，即閎議而必辨」。〔註54〕簡單的說，橫亙在王仁俊心中用以衡量如何採擇西學的那一把尺，終究不是

〔註48〕王仁俊，《格致古微》，頁58。

〔註49〕俞樾，〈格致古微序〉，頁52～53。

〔註50〕王仁俊，《格致古微》，頁107。

〔註51〕王仁俊，《格致古微》，頁107。

〔註52〕王仁俊，《格致古微》，頁118。王仁俊對耶穌教的厭惡似乎不只因為他認為耶穌教違背中國倫常，亦由於王仁俊認為耶穌教多言「怪力亂神」。如王仁俊就曾特別摘引〈史記‧封禪書〉中的始皇故事說：「始皇遂東游海上行禮，祠名山大川及八神。八神一曰天主，祠天齊。案此天主明所自始，但始皇所為本不可法，史遷謂怪迂阿諛苟合之徒自此興，不可勝數。恐人据《史記》以證西教，故坿辨焉。」又曾表示西方耶穌教的七日禮拜是洋教之道，不必與之證古。王仁俊，《格致古微》，頁131、136。

〔註53〕全漢昇，〈清末的西學源出中國說〉，頁93。

〔註54〕王仁俊，〈格致古微略例〉，王仁俊，《格致古微》，頁55～56。

此項西學西說實用或正確與否，而是是否與儒家倫常相牴牾。〔註55〕這當然亦可說是王仁俊與前章所述康梁的論點相別之處（以下詳）。

楊壽昌的西學源出中國說則呈現了與王仁俊有別的一面。正如前述，楊壽昌將「變」與「進化」的概念援引至《易經》的解讀中，不僅如此，他又在解釋《春秋》時說：「三統之義，與三世之義相為表裏者也。三世之主義在進化，三統之主義在變通。」〔註56〕楊壽昌亦將進化的概念與三世說結合，並認為由亂世進升平，由升平進太平，最終達於「黃金時代」，是孔子早就已經昭示過的公理公例。是故，使西方國家近十年來能夠「開闢一新天地」的達爾文（Charles Robert Darwin, 1809～1882）進化論，在《春秋》中已預先籌畫過了。〔註57〕楊壽昌據此而批評「執而不變」者，是違背了《易》與《春秋》的變通進化之義。〔註58〕這也使三世說形成某種具有目的性的演進，希望社會邁向最終的「黃金時代」。

所謂的黃金時代，楊壽昌以為唐虞三代之治差可比擬，故唐虞三代實已臻至進化之極點。惟中國後世卻不復得見唐虞之治，是不進化反而退化了，有違進化的公理公例，其原因何在？楊壽昌說：「則以政治之方針以民為主體，及不以民為主體之不同，為之樞紐也。」〔註59〕楊壽昌認為一國的政治重民與否，實與一國能否進化息息相關，故能夠以民為主體的國家，方能臻至進化之極點。可說楊壽昌如此加意陳述《易》與《春秋》三世說主「變」、主「進化」的經義，最後目的即在冀圖達到一以民為主的理想社會，唐虞三

〔註55〕 需要強調的是，我並非就此認為王仁俊是完全保守、守舊的，他的西學源出中國說仍承認了西學的正當性，只是他對西學與中國儒家綱常倫理相牴牾的部分無法接受。誠如張灝所言，他說「轉型時代，不但傳統儒家的基本價值受到挑戰，同時它的宇宙觀也受到嚴重的侵蝕。這宇宙觀的骨幹──天人合一的觀念是由一些基本「建構範疇」構成，如天地、陰陽、四時、五行以及理氣太極等。轉型時代，隨著西方文化，特別是科學自然主義的流入與散布，這些範疇逐漸受到侵蝕而消解。」根據張灝的這段話，可以說王仁俊在《格致古微》中所引進的西方宇宙觀，正代表著傳統宇宙觀消解的第一步。張灝，〈一個劃時代的政治運動──再認戊戌維新的歷史意義〉，《時代的探索》（臺北：中央研究院・聯經出版社，2004 年），頁 255。

〔註56〕 楊壽昌，《經學大義・春秋》（出版地不詳：高等學堂，清宣統間鉛印本），頁 35a～35b。

〔註57〕 楊壽昌，《經學大義・春秋》，頁 20b。

〔註58〕 楊壽昌，《經學大義・春秋》，頁 34b。

〔註59〕 楊壽昌，《經學大義・書經》，頁 5b～6a。

代如此，西方國家亦是如此。楊壽昌亦且執此觀點來解釋《尚書》說：「雖然吾讀《尚書》，見其言民政至詳，立君以爲民也，設官分職以爲民也。〈舜典〉命官箕子陳疇，物質精神兼包並舉。凡外國一切強國利民之術，及其行政組織之機關，所以成今日文明之治者，吾中國數千年前早已舉其端倪、握其樞要。」〔註 60〕楊壽昌認爲歐美諸國之所以能夠強盛，正是由於他們以民爲主的政治方針。楊壽昌並且感嘆中國人不懂得掌握《尚書》中的民政精義，致使今日外國得以凌駕於中國之上。由是以觀，楊壽昌的西學源出中國說實帶有極強烈的目的性，即在申論國家以民爲主的重要，並指出此說乃出自中國經書，藉以建立此說的正當性。但實際上「以民爲主」乃是根據西方理想所畫出的藍圖，只不過楊壽昌以中國經書的經義將之合理化了。

　　正如王爾敏所言，當西方的知識器物進入中國時，中國的士大夫是以固有的知識基礎來了解說明或批判討論這些西學，〔註 61〕西學源出中國說即是中國近代士人以中國的基礎來理解西學的思想模式之一。此說的主要目的起初是在提高時人對西學的接受度，並增加時人對西學的了解。但以存古學堂學人而言，如何在引進西學的同時，維護中學的地位於不墜，亦是他們所著力思考的。又從上述王仁俊與楊壽昌對西學源出中國的描述與申論，仍可見得在「西學源出中國」的主命題下，各人有著各不相同的側重與陳述。如王仁俊在闡釋西學西理時，仍舊不忘堅守三綱五常的界線；至於楊壽昌則以進化解釋《春秋》三世說，並以「發達國民」來作爲太平世的判準，可說已有些脫離三綱五常的軌道。可是楊壽昌本人並不覺得如此，他一再強調他所闡釋的西學西說皆是源於中國經書，他更進而聲稱今日各國仍未臻至《春秋》中之完美世界，尚有待於中國發揚堯舜孔子之道，故發揚孔子學說正是時人所應致力的目標。〔註 62〕王仁俊也認爲火車輪船之通行，正是聖道將行於各國的前奏，故聖人之教發揚於各國就在今日可見，〔註 63〕更遑論前述康有爲與梁啓超亦皆做如是想。可說他們尊崇孔子的目的是相同的，保有經書大義與聖賢之道的崇高性亦是他們共同的想法，但是論述的內容卻迥然有別。以這樣各不相同的心態與價值觀來面對西學，自然會對同樣的西說產生不同的

〔註 60〕楊壽昌，《經學大義・書經》，頁 1b。
〔註 61〕王爾敏，〈晚清政治思想及其演化的原質〉，《晚清政治思想史論》（桂林：廣西師範大學出版社，2005 年），頁 2。
〔註 62〕楊壽昌，《經學大義・書經》，頁 41b〜42a。
〔註 63〕王仁俊，《格致古微》，頁 124。

回應與解讀。尤其是王仁俊雖然在《格致古微》中少談與儒家綱常倫理相違背之西學西說，但是清末蜂擁而入的各種「西法邪說」仍是王仁俊要面對的課題，其〈實學平議〉與《闢謬篇》便是為此而作。下面兩節我將進一步以在清末時傳入中國的西方思想與新概念，具體說明諸人觀點的差異。

第二節　主權在民或主權在君——關於主權的討論

　　正如上節所述，楊壽昌在闡釋「西學源出中國」時，最大的特徵是將《易》與《春秋》之經義皆賦予「進化」的觀念，而進化的最終目標即在到達一「以民為主」的社會，至於他對「國家」的申論亦然。楊壽昌即曾開宗明義地表示：「國為民而立，一切政治皆為民而設也」，〔註64〕故楊壽昌在論證《書經》中有關國家政治的經義何者可為今日效法時，第一點就以「主於民事」為標題，在第二點「分職之清」中，又說編制各行政機關的執掌時，當以民之生活為標準而定，其申論皆圍繞著民政民事而打轉。〔註65〕由楊壽昌《經學大義·書經》的目錄編排，更為明顯可見他在闡釋《書經》經義時是完全以民為核心。〔註66〕

　　楊壽昌既如此強調國家應以民為主，對於不以民為主體的國家，楊壽昌也提出了批判。楊壽昌說國家若不以民為主體，「則為君者視天下為一家之私

〔註64〕楊壽昌，《經學大義·春秋》，頁59b。
〔註65〕楊壽昌，《經學大義·書經》，頁50a～51a。
〔註66〕楊壽昌《經學大義·書經》的目錄如下表：

第一篇 民政之原理	第二篇 民政之綱要	第三篇 民政之機關	第四篇 民政之根本
第一章 國以民而立	第一章 民政之目的	第一章 行政機關	第一章 愛民之精神
第二章 為民而立君	第二章 民政之要素	第二章 輔助保護機關	第二章 主敬
第三章 為民而設官	第三章 物質上之民政	第一節 土地道路	第三章 慎幾
第四章 為民而擇都	第一節 農政	第二節 刑法	第四章 知人
第五章 為民而立政	第二節 工政	第三節 兵	第五章 君臣之責難
第六章 不重民則國危亡	第三節 商政		第六章 大臣之度
	第四章 精神上之民政		第七章 通情
	第一節 教育		第八章 求學
	第二節 禮俗		第九章 悔過

楊壽昌，《經學大義·書經》，頁目錄1a-目錄1b。

產，為臣者視職位為朝廷之私器，上下征利，苟圖便己」。〔註67〕他認為這樣只會導致一個上下交相賊的國家出現，君臣皆以國家為其自身謀利的工具。楊壽昌的言談之中似乎對君主視天下為私產頗表反對，甚且寓有某種君主不應「擁有」天下的想法在內，這實在與中國傳統所謂「浦天之下，莫非王土」的說法不甚相合，究其緣故，很可能與清末新興起的國家觀念有關。〔註68〕在國家觀念受到注意之初，康有為曾經持「國家」的新觀念與王仁俊、張之洞等人有過一番筆戰，〔註69〕而康有為申論「國家」這一概念時，又特別聚焦在分辨國家與朝廷之別上，以下先來看看康有為對此的陳述。

　　康有為對「國家」曾有如下定義，他說：

> 國家云者，即人民集合之區域，以達共同之志願，居一定之疆土，
> 組織一定之政治，而有獨立無限之主權者也。是故國家之土地，吾
> 民集合之區域也。國家之庶務，吾民共同之志願也。國家一定之疆
> 土，吾民與他國人民之界限也。國家一定之政治，吾民之機揆也。
> 國家獨立無限之主權，集合吾民之權力而成者也。由此觀之，國家
> 之土地、疆域、庶務、政治、主權，何一非本於吾民。故曰國家者，
> 民眾之國家也，非一人之私產也。〔註70〕

康有為所謂的「國家」乃是完全以民為主體，不論土地、疆域、政治甚或主權，都是奠基於人民的參與。是以康有為最後總結道國家乃是「民眾之國家」，其中國家的主權更是集合人民權力而成。有趣的是在此段申述國家的文字中，卻無一處論及君主應扮演的角色，似乎顯出康有為並不認為君主在國家中會佔有何特別重要的地位。其實康有為在另一篇文章中，就已斷然聲稱國家擁有主權與否，與君主是否擁有主權並無關聯。〔註71〕

〔註67〕楊壽昌，《經學大義・書經》，頁 6a～6b。

〔註68〕汪榮祖，〈晚清變法思想析論〉，《晚清變法思想論叢》（臺北：聯經出版社，1983 年），頁 27。

〔註69〕這系列筆戰乃是因唐才常自立軍事件後，張之洞寫了〈勸戒上海國會及出洋學生文〉一文而起。由於參與自立軍者多半亦曾加入上海國會，張之洞乃為文勸諭曾加入上海國會者及各國留學學生，應專心求學以為國家效力，切不可進行任何大逆不道之事，辜負清廷的栽培。爾後康有為即撰寫不少文章反駁該文。

〔註70〕康有為，〈代上海國會及出洋學生復湖廣總督張之洞書〉，收入姜義華、張榮華編校，《康有為全集（五）》，頁 332。

〔註71〕康有為，〈張之洞勸戒上海國會及出洋學生文書後〉，收入姜義華、張榮華編校，《康有為全集（五）》，頁 352。

　　那麼康有爲對「朝廷」又是如何申論的呢？康有爲說朝廷指的是「君主於國家中所佔之地位而言，屬於一姓者也。」易言之，在康有爲的界定下，朝廷的範圍僅指一姓之君主，至於朝廷既然是指「君主於國家中佔有之地位」，君主不可等於國家也是其題中應有之意。隨後康有爲即以法國、日本、普魯士與英國等國爲例，說明朝廷與國家的區別。他說播爾奔（即波旁，Bourbon）家即爲法國之朝廷，如今播爾奔家族雖已滅亡，法國猶強於世界。英國之立法行政皆本於議院，朝廷不過是蓋印圈筆而已，英國卻爲歐洲第一等強國。由此可見朝廷之權力與國家並無關聯。〔註72〕

　　若執康有爲之言來審視楊壽昌的言論，會發現楊壽昌所言與康有爲實極爲接近，楊壽昌說：

> 蓋視天下爲一家之私產，自秦漢始矣。二千年來愛民之主、恤民之吏何嘗不前後相望，光映史冊？而根本主義已非在此。則其所謂爲民，終不出一時補苴掇拾之謀，以求安靜甯息之效，未有能爲之統全局、計久遠，而使民智、民力、民德循其應進之階級，發達充其分量者也。是故雖以唐韓愈氏之賢，其議論亦庶幾足爲全國之代表，而其〈原道〉之文說君臣民之關係，於權限絕不分明。其曰：「君者，出令者也。」則不見作民父母之義，而近於路易第十四所謂「朕即國家」。其曰：「臣者，行君之令，而致之民者也。」則不見惟以治民之之義，而近於孟子所謂「事是君則爲容悦」。其曰：「民者，出粟米麻絲，作器皿、通貨財，以事其上者也。」則不見民爲邦本之義，而近於師曠所謂「使一人肆於民上，以從其淫，而泣天地之性」。蓋耳濡目染，積習成理，雖在上智，猶且不免以朝廷爲主體（朝廷與國家之界說有別），而民爲客體以副之，其所由非一日矣。〔註73〕

楊壽昌顯然不只是反對君主將天下視爲私產而已，他甚至從中國歷史中提出質疑與批判，指出中國以往素所稱讚的賢君良臣，就算能夠爲民著想，也只不過是爲了祈求一時的安寧，而非眞有長遠爲民著想，增進民智、民力、民德的打算，就此心態言之已是根本錯了。〔註74〕楊壽昌且以韓愈、孟子與師

〔註72〕康有爲，〈代上海國會及出洋學生復湖廣總督張之洞書〉，頁332。

〔註73〕楊壽昌，《經學大義‧書經》，頁6a～6b。

〔註74〕在清末強調「增進民智、民力、民德」者，並不只是楊壽昌而已。嚴復就曾在〈原強〉中曾經批評中國之法是「束縛馳驟，奴使而虜用之」，以至於「民智無由以增，民力無由於備」。故嚴復認爲今日自強之本在實施利民之政，以

曠等人的言論為例，批評他們的言論不過是為了便於君主統治壓服人民，而非真為人民著想。楊壽昌最終乃依據其「國家是否以人民為主」的評判標準檢視中國二千年來之歷史，總結道：中國以往的政治會以朝廷為主體，乃是中國長期積非成是的結果，他還進而將中國二千年來之政治給全盤推翻，一概加以否定。正是基於他認為國家應以人民為主的想法，楊壽昌強調國家與朝廷乃是不同的兩種概念，國家亦不可等於君主之私產，這與康有為所說國家應以人民為主體，而朝廷不可等於國家之言是何其類似！至於楊壽昌對中國二千年來歷史的反省，也與梁啟超所論極為相符，梁啟超說：「且我中國疇昔豈嘗有國家哉？不過有朝廷耳。……夫所謂唐虞夏商周秦漢魏晉宋齊梁陳隋唐宋元明清者，則皆朝名耳。朝也者，一家之私產也；國也者，人民之公產也。」〔註75〕楊壽昌與梁啟超兩人皆一致抨擊二千年來的朝廷不過是君主的私產而已，從未出現過人民擁有的國家，這可見楊壽昌與康梁的言論是如何接近了。

有別於楊壽昌，面對康有為所謂國家與朝廷的界說，王仁俊則持完全相反的態度。王仁俊說國家是為人之四肢，朝廷則為人之頭腦，國家與朝廷不可分離亦不可區別。王仁俊又舉例說道：「希臘人謂國家唯一都府，是明以國家為即朝廷也。歐洲政學家謂根原在元首，是以元首為朝廷也。日本以天皇為元首，是朝廷即指天皇也。」〔註76〕王仁俊所舉之例反映出他視國家與朝廷、朝廷與元首三者是等同的，非惟如此，王仁俊對這三者還有如下陳述，他說：「既無親，何有君？既無君，何有朝廷？既無朝廷，何有國家？」〔註77〕對王仁俊而言，有君才有朝廷，有朝廷才有國家，從親到君，君到朝廷，朝廷到國家乃是一貫的環節，若無君長，又何來國家的存在？故康有為說朝廷與國家有別，國家非君主之所有，對王仁俊而言完全是不可思議的。

至於所謂「國家為人民所有」的言論，王仁俊亦無法苟同。王仁俊引用

使「民智日開、民力日奮、民德日和」。國粹學派的鄧實也在《政藝通報》中發表了〈雞鳴風雨樓民書・民智〉、〈雞鳴風雨樓民書・民德〉、〈雞鳴風雨樓民書・民力〉等系列文章。嚴復，〈原強〉，王栻主編，《嚴復集（一）》（北京：中華書局，1986年），頁12～14。鄧實原文未見，轉引自鄭師渠，《晚清國粹派：文化思想研究》，頁110。
〔註75〕梁啟超，〈少年中國說〉，橫濱新民社輯印，《清議報全編》卷1（臺北：文海，1985年），頁86。
〔註76〕王仁俊，《闢謬篇・卷上》，頁3a～3b。
〔註77〕王仁俊，《闢謬篇・卷上》，頁1a～2b。

了《佐治芻言》中傅蘭雅（John Fryer, 1839～1928）之言說：「國家行政事權，不得不歸之一人，或二三人，方不致政令錯亂」，〔註78〕王仁俊以此言陳述國家有人專權的必要，並據此引申說傅蘭雅這句話即在表示「國家人民宜受朝廷統轄之理」。根據上述論點，王仁俊宣稱人民非但在國家平安無事之時應遵守律法，就算是國有弊政，若未曾商議更改，就仍須遵守，不得與上為難。遭逢國家有事之秋，也不可以假借皇權，乘機要挾，〔註79〕其言論中很明確的表達了不論國是治是亂，人民皆須遵守國家朝廷律法的意思。在王仁俊心中國家朝廷既然皆等同於君主，這句話也就意味著人民皆須尊崇君主的意旨，不得違反。王仁俊甚至還援引物理學中的「大氣壓力」，說明「人不可不受空氣，猶民不可不受壓力」，用以證明人民之受君主朝廷治理，可說是天經地義之事。〔註80〕

　　對於清末以降康有為與梁啟超極力申論的國家與朝廷界說，王仁俊與楊壽昌會有截然不同的反應，其實都是與他們「西學源出中國說」的特徵有關。楊壽昌在申論「西學源出中國」的觀點時，「國家應以人民為主體」這個概念便不時出現，故他較能接受國家不應為君主一人之私有的說法，並贊同國家與朝廷有別。王仁俊則是在《格致古微》中就已表現出他對綱常倫理的重視，是遠出於西學之上。故王仁俊在此嚴守君臣之綱的界線，無論如何絕不可威脅到君主之權，他對人民應握有國家的主權完全的反對，對於君主與朝廷在國家中不佔有重要地位的言論亦不能接受。這其中王仁俊與康有為的論點可說完全背道而馳，若細究王仁俊與康有為間的爭執所在，關鍵之一厥為「主權」問題，這也是國家與朝廷之所以產生對立的癥結點。王仁俊一再強調的就是君主當握有國家之權，人民不得共享，亦不可違抗，康有為卻明言「國家獨立無限之主權，集合吾民之權力而成者也」，〔註81〕其言下之意即是表示人民若無權力，國家亦無所謂主權，可見康有為的想法完全與王仁俊背道而馳。實際上康有為宣稱人民能夠擁有國家主權，乃是基於「人人有自主之權」的觀念，康有為亦是此說的大力宣揚者。〔註82〕他甚至還表示「地球各強國，

〔註78〕王仁俊，《闢謬篇・卷上》，頁16b。
〔註79〕王仁俊，《闢謬篇・卷上》，頁17a。
〔註80〕王仁俊，《闢謬篇・卷上》，頁17b。
〔註81〕康有為，〈代上海國會及出洋學生復湖廣總督張之洞書〉，頁332。
〔註82〕劉廣京，〈晚清人權論初探——兼論基督教思想之影響〉，《新史學》5：3（臺北：1994年），頁9～14。

人民無不有自主之權」，〔註83〕反面證說若欲望國家富強，必得人民有自主之權。顯然康有爲對主權的認知，實與當時「自主」的概念脫離不了關係。

　　有學者認爲「自主」傳入中國，最早是在德國傳教士郭實臘（Karl Friedrich August Gützlaff, 1803～1851）主編的《東西洋考每月統計傳》，此雜誌主要是運用「自主」來傳達天賦人權的觀念。〔註84〕這可能影響了康有爲對自主的詮釋，康有爲說主權是自天而來，故人人皆能夠擁有自主之權，且由於人之主權乃天所賦予，雖君雖父亦不可以妄殺臣子。根據自主的意涵，康有爲否認了君長所具有的特殊崇高地位，他認爲君長若以力壓服其人民，只有邁向敗亡一途。〔註85〕換句話說，康有爲對於「自主」著重的其實是人人皆有自主權這個觀點，即「人人自由、人人平等，我不能以非理加諸人，人亦不能以非理加諸我」，〔註86〕若據此而言，康有爲言說中的自主還寓含著平等，是故康有爲才會認爲人與人彼此之間並無地位高下之分，所有人都應一視同仁的對待。〔註87〕有了這樣的觀點，才能構成康有爲申論君主不應專有國家之權的前提。

　　康有爲既然如此詮釋人民有自主之權，就不意外王仁俊與張之洞都批評康有爲所謂的自主，會導致人人皆有「大者王、小者侯」之思了。〔註88〕雖然康有爲曾經否認「自主」指的是人人能夠自立爲君王之意，〔註89〕但是康有爲既然認爲包含君父等所有人的地位皆應相同，會招致如此的批評也不奇怪。出於同樣的憂慮，王仁俊也反駁「平等」一詞說：「人人保平等地位，不可以立國，斯語盡之。必有一崛起則眾服從，而基礎立焉。然而非平等矣。」〔註90〕對王

〔註83〕　康有爲，〈駁張之洞勸戒文〉，收入姜義華、張榮華編校，《康有爲全集（五）》，頁337。

〔註84〕　金觀濤、劉青峰，〈從「共和」到「民主」〉，《觀念史研究——中國近代重要政治術語的形成》（北京：法律出版社，2010年），頁115～116。

〔註85〕　康有爲，〈駁張之洞勸戒文〉，頁337。

〔註86〕　康有爲，〈代上海國會及出洋學生復湖廣總督張之洞書〉，頁331。

〔註87〕　孫春在認爲康有爲對平等自由其實並非等而視之，孫春在說：「康有爲對『平等』的重視似在『自由』之後。這由他1902年初作品《論語注》中多言『自由』而1902年尾作品《孟子微》兼言『自由』『平等』二義，可以略見端倪。同時，若再考慮他所以爲『子貢傳太平之學。孟子傳升平大同之學』，似乎『自由』的境界要比『平等』更高，實行的次第則應是『平等』在『自由』之前。」孫春在，《清末的公羊思想》，頁212～213。

〔註88〕　張之洞，〈勸戒上海國會及出洋學生文〉，王仁俊，《闢謬篇‧卷下》，頁15a。

〔註89〕　康有爲，〈代上海國會及出洋學生復湖廣總督張之洞書〉，頁331。

〔註90〕　王仁俊，《闢謬篇‧卷上》，頁14b～15a。

仁俊而言，若君主與平民等同，是國無君長，立國的基礎何在？〔註91〕國必有
長，然而有長就不能說是平等了。張爾田也說「國無君不能施政，若皆君民平
等，無上下之別，不崇朝而亂作矣，詎能久乎？」〔註92〕張爾田反對君民平等
的理由與王仁俊相同，都是認為君民平等則國不能立。反過來說，在承認君主
主權特出的前提之下，王仁俊是可以承認平等的，他認為平等之名只可施於邦
與邦之間，意指國君彼此間可為平等，即從前所謂「敵國」的意思。〔註93〕

批評自由平等之說的還不只王仁俊與張爾田而已。杜宗玉（生卒年不詳）
也表示西方史書雖然言自由自治，但是並不表示「自由自治為臣民不歸節
制」，〔註94〕換句話說，杜宗玉就算不反對「自由自治」之說，但還是要遵守
君臣的規範。杜宗玉對與「平等」類似概念的「平權」也有過闡釋，他認為
平權是起源於羅馬征服異地之後，原先羅馬都城內之人民為舊有公民，享有
特權，故引起殖民地人民結合以爭取權利。他們爭權利的對象是為貴族，而
非君王，故西方所謂的平權乃是指民與民之間爭權，並非指臣民能夠與君平
權。〔註95〕

上述諸人所言，大致可以反應出同樣一種看法，即不論是平等、自由或
自主，皆可能導致「夷君與人民等同」，動搖儒家倫理的位階，所以孫德謙批
評康有為與梁啓超的平等自立之說為「非儒」，殆有其因。〔註96〕金觀濤與劉
青峰曾在解釋近代個人權利觀念的興起時認為：在儒家的社會組織藍圖中，
皇帝因為處於綱常倫理之首，代表國家擁有主權，若要維護國家的主權，則

〔註91〕賓鳳陽也對康梁有類似的批評，他說：「今康梁所用以惑世者，民權耳、平等
耳。試問權既下移，國誰與治？民可自主，君亦何為？是率天下而亂也。平
等之說，蔑棄人倫，不能自行，而顧以立教，真悖謬之尤者。」賓鳳陽，〈嶽
麓書院賓鳳陽等上王益吾院長書〉，頁300。
〔註92〕孫德謙、張采田著，《新學商兌》，頁34b。
〔註93〕王仁俊，《闢謬篇‧卷上》，頁14a～14b。
〔註94〕杜宗玉，《西史地理通釋‧後敍》（出版地、出版社不詳，清末鉛印本），頁1b。
〔註95〕杜宗玉，《西史地理通釋‧後敍》，頁1a～1b。馬貞榆也批評平等自由說：「詳
『皇建其有極』之文，則知倡為平等自由之為邪說。蓋惟天生民有欲，無主
乃亂，無論其為君主之國，民主之國，必當有主。一為平等自由，則散而無
統，必至大亂。」馬貞榆話中的涵義，顯然是把提倡平等自由的言論，等同
於將國家之主祛而逐之，馬貞榆甚至將「君主」與「民主」這兩種截然不同
的政治模式劃分在同一邊，畢竟這兩者無論如何都仍是國家有「主」之政體，
較諸平等自由之說，其危害似乎還更小一些。馬貞榆，《馬氏經學叢刊‧尚書
要旨》，頁66a。
〔註96〕孫德謙、張采田著，《新學商兌》，頁36a。

必須加強皇帝的權力和忠君的觀念。在此觀念之下，國家主權和個人的自主性，可說是處於完全對立的狀態。〔註97〕以此說明王仁俊、馬貞榆或杜宗玉的例子甚爲切合，而這也可以說明他們和康有爲之間的差異，即在於康有爲視國家主權乃是源於每個人民皆擁有主權，而非君主了。

反過來說，若不涉及動搖儒家綱常的危險，王仁俊對自由自主之說是可以接受的。王仁俊曾在解釋《孟子》「天職」時論及自主之義，他說：「西書所謂人人有自盡之職，蓋取諸此，⋯⋯自譯者淺陋，不明斯義，下語偶失，譯爲人人有自主之權。」〔註98〕王仁俊並以顧亭林「保衛天下，匹夫有責」這句話解釋《孟子》天職的含意，可知王仁俊所謂的「自主」乃是某種盡責的自我要求，據此王仁俊甚至還直接表示「自主」一詞乃譯者誤譯而成。是故，王仁俊乃聲稱自主之權是指「各盡其所當爲之事，各守其所應有之義」。〔註99〕張之洞在自主的詮釋上，也有與王仁俊類似的看法，張之洞說「自主之權」中國早已有之，「求己之學」即是所謂的自主。易言之，張之洞認爲士人君子應立定志向，多讀西書、研求政藝之學以「藏器待用」，若不願意仕進亦能保衛鄉里。〔註100〕以上所言皆不脫「求己之學」的範圍，張之洞如此闡釋「自主」，亦頗近中國士人由修身始，終而平天下的立身之道。

非惟如此，王仁俊對「自主」還有如下申論，他說：「自主有三義：一曰自輔之權能，一曰自立主見，一曰自己作主。西說與彼黨所述，名同而實異⋯⋯減惡可以增善，即天予我之能。人之欲善，誰不如我，即天與我之權，進，吾往；止，吾止。故曰：自限於天分者，以人事補之。人定勝天，故自主亦曰自輔，輔之爲言補也。故中國無自主之名，而有人定勝天之學。」〔註101〕王仁俊雖然開頭便說自主有三義，但綜其所說，此三義實指同一件事，即人之爲善爲惡可自行決定，天所限制之事，人則能以人事上的努力加以補救，此處王仁俊乃是執「人定勝天」的觀念來詮釋「自主」。與自主類似，王仁俊亦將「自由」詮釋爲「中國所謂自好之士也」，他認爲自由乃是指無愧於己，

〔註97〕金觀濤、劉青峰，〈近代中國權利觀念的起源和演變〉，《觀念史研究——中國近代重要政治術語的形成》，頁123。
〔註98〕王仁俊，〈孟子天職講義〉，《存古學堂叢刻》（臺中：文聽閣，2010年），頁365～366。
〔註99〕王仁俊，〈實學平議・民主駁義〉，《實學報》第13冊（臺北：文海出版社，1996年），頁767。
〔註100〕張之洞，〈勸戒上海國會及出洋學生文〉，頁15a。
〔註101〕王仁俊，《闢謬篇・卷上》，頁6a～6b。

故能夠不俯首於人，〔註102〕與「自主」同樣都是指自我勉勵的意思。可說王
仁俊對自主與自由的詮釋，仍表現出西學源出中國說的觀點，但似乎只有外
表冠上新名，其實質仍是中國固有的思維。

　　至於認爲國家當以民爲主，並且極力申論國家與朝廷應有所區隔的楊壽
昌，對於自由與平等又有什麼看法？楊壽昌曾經解釋《春秋》之經義有言道：

> 以仁爲本，而使人類發達其天然之愛情，而精神聯絡之機關始固；以
> 君父爲綱，而使人類總匯一至順之統系，而社會組織之基礎始成立。
> 三統之義以使之變通盡利，三世之義以使之循序進化，文成數萬，其
> 指數千，皆所以去野蠻而進文明……，去階級而進平等（乃文明之平
> 等，非野蠻之平等。文明之平等，平等中仍有綱紀秩序者也）……，
> 去束縛而進自由（乃文明之自由，非野蠻之自由。文明之自由，自由
> 中仍極有限制。乃自由於道德法律之中也）。〔註103〕

楊壽昌以一系列的進化說明三世之義所能達到的境界，其中有「去階級而進
平等」、「去束縛而進自由」等語，可說在楊壽昌的理想社會藍圖中，平等與
自由亦佔有一席之地。然楊壽昌對平等與自由不忘加諸一道限制，他說進平
等前必須要先去階級，但又強調這是「文明之平等」，使平等之中仍有綱紀秩
序；進自由前雖然必須去束縛，但自由仍需受限於道德法律，方可爲「文明
之自由」。楊壽昌更在一開始即強調社會組織的基礎在於「以君父爲綱」，可
以見得儒家的綱常倫理在楊壽昌心中仍是一切的根基，不可相違。

　　基於上述的觀點，楊壽昌對當時倡言自由者亦有所批評，他說：

> 近日自由之說甚熾，後生小子，不得其意，蕩檢踰閑，綱紀潰裂，
> 其禍眞甚於洪水猛獸。不知所謂自由者，就法律上言之，則爲區分
> 限制各個人之自由，以保護社會全體之自由；就道德上言之，則爲
> 完全行使我有規則之意思，而不受他人轉移變動之謂也。……故康
> 德曰：「自由者，有自由之法則。」法則維何？及組織社會之個人，
> 皆有自由，惟限於不妨他人自由之範圍，始得使用我之自由，此即
> 自由之法則。故苟妨害他人之自由，而擴張自己自由時，則我之自
> 由亦必有被他人妨害之處，是自由非爲所欲爲之意。可知必從天然
> 之法則（按即道德）及社會之法則（按即法律）等，乃始得爲完全

〔註102〕王仁俊，《闢謬篇・卷上》，頁11a～12a。
〔註103〕楊壽昌，《經學大義・春秋》，頁13b～14a。

之自由也。……故竊謂自由之義，惟攸好德爲能當之。好法律而自
由服從於法律（法律與道德之範圍性質微有不同，然不法律者即爲
不道德，故法律實爲道德範圍所統屬者也），好道德而自由服從於道
德，是乃所謂眞自由也。〔註104〕

楊壽昌在這段話中執以批評倡論自由之說的後生小子的原因在於「綱紀潰
裂」，致使其禍甚於洪水猛獸，這與上段楊壽昌對自由與平等的申論相同，皆
在表示自由平等應以儒家的綱紀爲限。但是儒家的倫理眞的在楊壽昌限制自
由平等上發揮了作用嗎？仔細審閱楊壽昌接下來的言論，他指出所謂的眞自
由有兩種層面，一種是法律上的，一種是道德上的。其中法律上的自由意即
個人自由不可侵犯全體之自由，方可保護社會全體之自由。究其實，這與梁
啓超強調個人之自由須以群體的利益爲優先考量的說法，〔註105〕可說具有異
曲同工之妙。〔註106〕在法律上的自由與道德上的自由中，楊壽昌又說「不法
律者即爲不道德」，易言之，楊壽昌認爲眞正的自由是絕對必須包含法律上的
自由的。故楊壽昌引用康德的自由需有限制之說，其實也是在論證個人自由
須受限於社會全體自由的重要性，並非受限於他上面所說的綱常禮教。楊壽
昌雖然執此而謂唯一可代表「眞自由」的眞諦者，只有《尚書》中的「攸好
德」，藉此昭示《尚書》中已有關於眞自由的言論，並且強調綱紀的重要性，
惟其自由的實際內容卻已爲西方的舶來之物了。

　　揆諸以上論點，楊壽昌用以限制「眞自由」的標準，根本可說與儒家綱
紀已無太大的關聯。若將楊壽昌之言與上述王仁俊、馬貞榆等存古學堂學人
相比較，王仁俊等人持以反對自由平等之說的理由，皆在於此種言論將有危
害君主尊權的疑慮，雖然楊壽昌亦是宣稱他是以綱紀倫理來規範自由，其實
際內容卻已非中國的綱常之說，而是以全體社會爲重，全體社會亦可說是人
民的總稱。他們面對國家與朝廷之說的不同態度，正是立基於這種對於自由
平等不同的態度之上。甚至於在詮釋「自主」時，王仁俊是援用了中國固有

〔註104〕楊壽昌，《經學大義・書經》，頁9a～9b。
〔註105〕楊貞德，〈自由與自治──梁啓超政治思想中的「個人」〉，《二十一世紀》84
　　　　（香港：2004年），頁33～34。
〔註106〕張灝曾言及近代的自由觀念經常被群體意識所滲透，這表現在時人以參政自
　　　　由能夠增加個人對國家的向心力，從而促進國家社會的富強，來作爲個人參
　　　　政自由的意義。足見在個人參政的觀念後面，隱藏著集體主義的傾向。張灝，
　　　　〈中國近百年來的革命思想道路〉，《時代的探索》，頁222。

的「自盡己之責」的想法，楊壽昌卻在「攸好德」中充填了康德的自由論，顯見兩人在面對西方的自主自由說時，雖然同樣都意圖申說此乃源於中國，但究其實仍有所別。一則是以固有之中學來詮釋西方的學說，一則是將西學的新說套上中學的外衣。楊壽昌的言論顯示出將中西比附進一步擴及經義，實際上也會對經學本身造成影響與重新詮釋。無獨有偶，劉龍心從歷史知識的角度考察光緒 27 年科舉改試策論之後，策論的考題、試卷乃至於坊間各種策論參考書，也得出類似的結論。劉龍心認為，這些策論中的表述用中國歷史來佐證西方學說的合法性，導致歷史成為他們解說西學時的工具，卻反而塑造出了一個新的過去，〔註107〕楊壽昌對經典的重新詮釋亦然。

自由平等關係是民主學說的理論基礎，〔註108〕而民權、民主思想又是議院的理論前提。〔註109〕既然如此，存古學堂諸學人又是如何看待民權、民主與議院之說？以下將再進一步以民權、民主與議院作為討論的焦點。

第三節　民權、民主與議會的認知

中日甲午戰爭之役，日本以變法而驟至富強，變法言論一時大盛於朝野，倡言變法者亦多將關注的內容轉移至政治問題。其中民主與議會厥為政治諸問題中一端。〔註110〕關於民主等的言論既然盛行一時，王仁俊亦對民主之說有所接觸並加以闡發。他說：「西法民主，大概有四科：武臣權重，逼君避位，令眾推立，一也。國教民教，自生歧異，厥民不服，擁眾自立，二也。遠處屬地，異種小民，自別為國，三也。國屬省部，怒君失政，叛而自立，四也。」〔註111〕在王仁俊的陳述下，這四種產生民主的方式皆具有一共通之處，即他們皆不是經由上任君王合法的給予王位，並具有某種叛民的身分。這種以「非君王身分」而成為一國之主的現象，即是王仁俊所謂的「民主」。易言之，王

〔註107〕 Long-hsin, Liu, "Historical Lessons and the History of Knowledge in the Late Qing Examination System", Brian Moloughney and Peter Zarrow ed., *Transforming History: The Making of a Modern Academic Discipline in Twentieth-Century China* (Hong-Kong: The Chinese University Press, 2011), pp.86～87.

〔註108〕 王爾敏，〈晚清士大夫對於近代民主政治的認識〉，《晚清政治思想史論》，頁195。

〔註109〕 王爾敏，〈晚清士大夫對於近代民主政治的認識〉，頁191。

〔註110〕 王爾敏，〈晚清士大夫對於近代民主政治的認識〉，頁191。

〔註111〕 王仁俊，〈實學平議‧民主駁義〉，頁763。

仁俊對民主的認知不同於現在我們認知的「民主國家」，是經由全國人民公選
而出一位全國領袖，才能叫做民主，王仁俊認知的民主乃為「一位原非君主
之人成為一國之主」，而此人成為領袖的方式可能是逼君自立、擁眾自立、自
行獨立為國等，並不一定要從「人民公選」而來。〔註112〕

　　除了上述的見解，王仁俊對民主還有另一種詮釋。王仁俊在批評民主之
非時，曾說德國賢相畢士麥（即俾斯麥，Otto von Bismarck, 1815～1898）柄
政時之所以裁抑民權，是由於他已洞悉了民主的弊病；王仁俊又說俄國雖未
曾採納倡議民權的學說，然而其國強盛如常，可說西方國家的強盛與否與民
主無關。〔註113〕上述這兩段話雖然是王仁俊據以批評民主的言論，但亦可從
中推測出王仁俊乃是認為人民若握有一定權力便可稱之為「民主」，故其「民
主」亦可指稱為「人民有權」。以王仁俊對民主的這層定義而言，可說王仁俊
將民主與民權視為類似的兩個概念，這兩者之間並無截然二分的區別。是故
民權在王仁俊心目中，大概也與民主同樣具有「叛逆」的意涵，而為王仁俊
所反對。故此王仁俊就曾經表示西法並非不可學習，但在學習西法之前，必
先「以經制之學為斷，必覈乎君為臣綱之實」，以此除去西法之弊端。在此標
準檢視之下，王仁俊有結論道：「民主萬不可設，民權萬不可重」，〔註114〕在
王仁俊看來，民主與民權是根本違反了君臣之綱，絕對不可實行。〔註115〕王
仁俊甚至還表示只有學習《論語》與《孟子》以尊君抑民，方可改善西方民
主此項弊政。〔註116〕

〔註112〕王仁俊會有這樣的解讀，大概與「民主」在中國原有的意思有關，在先秦文
　　　　獻中出現的「民主」本意是民之主，意即最高統治者，是皇帝的別稱。王仁
　　　　俊這種用法也是將「民主」詮釋為「民之主」，只是如何成為民之主的方式各
　　　　不相同而已。金觀濤、劉青峰，〈從「共和」到「民主」〉，頁255。
〔註113〕王仁俊，〈實學平議‧民主駁義〉，頁767～769。
〔註114〕王仁俊，〈實學平議〉，《實學報》第1冊（臺北：文海出版社，1996年），頁
　　　　7～8。
〔註115〕有趣的是，正如同上一節王仁俊認為耶穌教無父之說是源於墨子的「兼愛」
　　　　與「節葬」，王仁俊也認為民主是出於墨子的「尚同」，只不過孟子當時已經
　　　　肆力排拒墨子之言，才使得墨子邪說不至於淆亂中國。不僅如此，王仁俊對
　　　　於墨子「尚同」之說日後的來龍去脈亦有詳細的解釋，他說：「西方肅殺陰慘
　　　　之地，〔墨子「尚同」之說〕獨乘虛而入之。厥後大秦國置三十六將會議國事，
　　　　始改主為民主，是在周敬王十四年，蓋墨氏之教，已浸潤於西域矣。夫以二
　　　　千餘年前，中國所放斥逆逐之言，不意二千餘年後，竟支離蔓延而乃流毒我
　　　　四萬萬黃種耳。」王仁俊，〈實學平議‧民主駁義〉，頁145。
〔註116〕王仁俊，〈實學平議‧民主駁義〉，頁146、763。

　　相較於王仁俊將民主與民權混爲一談的認知，時人其實已經指出民主與民
權兩者乃是不同的概念，以下就拿同時代著名的變法學說家何啓（1859～1914）
與胡禮垣（1847～1916）二人的言論作爲比較。他們曾指出：「民權者，其國之
君仍世襲其位；民主者，其國之君由民選立，以幾年爲期。」〔註117〕此二人的
說法大致可以反映當時維新人士對民權與民主的認知，即民權與民主最大的差
異所在，就在於一有世襲之君，一爲民選之君，且此民選之君的任期是固定有
限的。熊月之考察近代民主與民權剛輸入中國時的詞義，他認爲民權的概念較
爲含糊，可以解釋爲「人民的全部權力」，也可以解釋爲「人民的部分權力」。
故在前一種解釋中，民權與民主同義；在後一種解釋中，它可以被理解爲在不
推翻君權的前提下，給人民以部分的權力，而可以與君權共存。〔註118〕王仁俊
與何啓、胡禮垣對民權的解釋，恰巧可以分別代表前一說與後一說。根據前一
說，民權既代表「人民的全部權力」而與民主之義相同，帶有推翻君權的危險，
也就不難理解何以王仁俊如此會反對民主與民權之說了。

　　實際上清末時人論及民權，大部分與開議院有關，〔註119〕但是清廷在光
緒32年時開始實行預備立憲，顯然代表官方也體會到了立憲與開國會有其必
要。張之洞也曾經在慈禧下詔變法後，發電報給其餘督撫說：「西法最善者，
上、下議院互相維持之法也。中國民智未開，外國大局茫然，中國全局、本
省政事亦茫然。下議院此時斷不可設。若上議院，則可仿行。」〔註120〕其言
中已頗承認上議院的可行性，張之洞並且指出上議院之法可杜絕賄賂、情面、
尸位素餐等弊害，不妨本上議院之原意再進而思考可行於中國的方式。〔註121〕
王仁俊既對民主與民權之說如此反感，他又如何看待清末以來的立憲與設立
議院之說？

〔註117〕何啓、胡禮垣，〈《勸學篇》書後〉，《新政眞詮》（廈門：廈門大學，2010 年），
　　　　頁 203。
〔註118〕熊月之，《中國近代民主思想史》（上海：上海社會科學院出版社，2002 年），
　　　　頁 11。
〔註119〕熊月之，《中國近代民主思想史》，頁 124～127。
〔註120〕張之洞，〈致江寧劉制臺、廣州陶制臺德撫臺、濟南袁撫臺、安慶王撫臺、上
　　　　海盛大臣〉，後收入：苑書義、孫華峰、李秉新主編，《張之洞全集（十）》卷
　　　　244（石家莊：河北大學，1998 年），頁 8540～8541。
〔註121〕其實張之洞並未完全反對議院的設立，在清末預備立憲中亦爲主開議院較爲
　　　　積極者，只不過張之洞始終強調須民智已開方能設立下議院，故在《勸學篇》
　　　　中仍對議院持反對意見。相關討論見李細珠，《張之洞與清末新政研究》，頁
　　　　286～359。

　　王仁俊在〈實學平議〉中表示「民主萬不可設，民權萬不可重」之後，接著又說道「議院萬不可變通」，可說議院與民主民權相同，都位於王仁俊的批評之列，不過這樣的看法似乎到了他撰寫《闢謬篇》時有所改變，《闢謬篇》之作在光緒 30 年，〔註 122〕相較光緒 23 年寫的〈實學平議〉已間隔 7 年，此時清廷的政治風向亦已傾向憲政改革了。〔註 123〕王仁俊在《闢謬篇》中對議院有如下陳述：

> 議院之例，有總言之者，有析言之者。總言之，則美合盟邦約所謂例稿而成，必經上下議院議成，而後呈總統核准是也。析言之，則法國律例所謂民主有不俟期滿遣散下議院之權也。夫上下議院所議，必俟總統核准，則上議院為無權矣，何況下議院乎？不特此也，不俟期滿，立可遣散，則下議院直可謂無權。彼曰下議院者，全國人民之代表者也，所謂代議政體也。不能以君主之威而使之不議，即不能以君主之威而使之無權，不知以法與美為證，即民主之威，已可使之不議；即民主之威，已可使之無權。彼知考各國之憲法矣，盍攷美之盟約，法之律例乎？法與美豈別一議院之國，而在地球之外乎？〔註 124〕

王仁俊在此處以美國與法國的議院為例，他說美國聯邦的約法在經過上下議院合議後，最終仍須經由總統核准，法國的法律則規定元首不需等待下議院的任期期滿，即可遣散下議院。他以上述兩例表示元首仍握有最終的權力，而可使所謂「全國人民之代表」的上下議院聽命於元首，甚至是「民主」國家亦然（此處的民主即指兩國的元首，即「民之主」），說議院握有權力者，是不知議院的體例。觀王仁俊言下之意，雖對議院已抱持較正面的態度，只不過其心目中合法合理之議院，仍需惟元首之命是從，不可踰越元首的尊權。故國會雖可設立，但正如王仁俊所說的，「國會仍無權也，安得謂民權？」〔註 125〕設立議院或國會，不代表這些機關或其中的議員可以握有權力。王仁俊也

〔註 122〕前述張之洞建議試行上議院的電稿亦發於同年，王仁俊身為張之洞的幕僚，他轉而支持立憲的態度也許與張之洞有關，但並無相關證據。

〔註 123〕李細珠認為這是與日俄戰爭的刺激有關，日俄戰爭被視為立憲的日本戰勝專制的俄國，故立憲思潮遽然高漲，亦感染及清政府。李細珠，《張之洞與清末新政研究》，頁 292。

〔註 124〕王仁俊，《闢謬篇・卷下》，頁 3b～4b。

〔註 125〕王仁俊，《闢謬篇・卷下》，頁 6b～7a。

曾以日本明治維新為例，說日本雖然學習西法甚力，對於開國會卻仍極為卻步，究其原因即在開國會可能導致伸民權這項後果，故日本仍有所顧忌，可見得國會確有其不可開之理。〔註126〕

　　根據上述王仁俊對議院與國會的看法，王仁俊對君主立憲有如下表示，他說：

> 地球上有君主國，有立憲國。君主而專制，則國危且亂；君主而立憲，則國治且安。惟有君主，故權必專屬之君；惟有立憲，故上無不愛民之君，下無不愛國之民。西人崇立憲政體，善矣。然獨稱其國曰：君民共主，則名之不正，又莫甚於此也。且立憲政體但欲民伸其情，非欲民專其權。今曰民權，是又與於名不正之甚者也。〔註127〕

由上引文可見，王仁俊指稱的「君主立憲」重點在於「權必專屬之君」，「立憲」政體指的是能夠使民伸其情，絕非指人民專權。故而「君主立憲」政體絕不可稱之為「君民共主」，亦不可將「立憲」等同於「民權」，這些都是名不正而言不順的稱呼。揆諸王仁俊之意，他實有意將立憲與民權切割開來，並試圖闡釋立憲不一定要給予人民權力；相反的，立憲必須使權力集中在君主手上，這才能夠獲致「上無不愛民之君，下無不愛國之民」的成效。

　　在安排立憲與民權間的關係上，張爾田也與王仁俊有類似的看法，張爾田說：「孔子之教，是勉君以愛民，不是教民以仇君，何嘗有君權民權之分哉！即以泰西政治而論，惟美法二國是民主。若英、若獨逸〔即現今的德國〕、若日本，無不以立憲自強。其憲法皆主張君主神聖不可侵犯，即美法二國，雖不立君，而仍設大總統以治其民。大總統者，不世襲之元首也。」〔註128〕張爾田藉孔子之口指出君權與民權的分別本就不應出現，就算孔子強調君主應該愛其民，君與民仍只是上下位階的關係，無所謂民權的存在。再以外國的例證來看，張爾田固然是贊同立憲能夠強國之說，但他同時也指出不論是君主立憲如英國與日本，甚或民主國如美國與法國，其元首皆具有統治人民的權力，很顯然行立憲不必然要侵犯君權，更遑論給予人民權力了。

　　曹元弼更直接清楚的定義了立憲與君臣之綱的關係，他說立憲「非以壞法亂紀，倒置天澤定分也。君主立憲之義明，而後上下辨，民志定，上下交，

〔註126〕王仁俊，《闢謬篇‧卷下》，頁 7b～8a。
〔註127〕王仁俊，〈學堂歌箋自序〉，《存古學堂叢刻》，頁 509～510。
〔註128〕孫德謙、張采田著，《新學商兌》，頁 34a。

民志通。」〔註 129〕曹元弼指出立憲非但不會淆亂上下名分，而是在清楚君主立憲的眞義之後，方能辨明上下之位。辨明上下位階對於立憲既具有如斯地位，曹元弼乃據以宣稱當前的任務即在培養通經術明大誼、固守忠孝之道，不惑於正邪義利之辨的人才，以奠定立憲的根本。〔註 130〕曹元弼尙且援引外國爲例，說外國立憲皆以國文國粹爲重，若中國立憲時反而蔑棄古學，將爲萬國所同笑而自取其辱。〔註 131〕由上述王仁俊、張爾田與曹元弼的言論可以得到一個結論，即他們所承認、贊同的立憲，其實根本不必一定要與民權有關，甚至必須奠基於君權至上的基礎，才能夠實行立憲，並獲得立憲的成效。清末的官方立憲也具有同樣的特色，清末持立憲之議的官員大多傾向日本式的君主立憲，這是由於日式的立憲正如載澤（1868～1929）所言，其君主仍擁有至高無上的統治權，與中國的形勢最爲符合，〔註 132〕故日式的制度乃是當時清廷官方實施立憲時主要的參考對象。這也可以代表王仁俊等人，爲了合理化議院的推行，使其不與儒家綱常相違背（或者剛好相反，爲了不使議院的推行違背儒家綱常），對議院進行了他們能夠接受的詮釋。

　　王仁俊既然認爲立憲不是要讓人民「專其權」，那麼，立憲的功效何在？王仁俊認爲立憲最主要的功能其實是在讓人民能夠「伸其情」，在這裡可以引王仁俊另一段話來解釋，他說西方下議院設立的初衷，頗合於春秋時代鄭相子產執政時，鄭人於鄉校論政事，子產對鄉校所善則行，惡則改的古義。〔註 133〕易言之，伸其情的意思其實就是將下情上達，以供執政者參考。〔註 134〕曹元

〔註 129〕曹元弼，〈上南皮張孝達相國書〉，《復禮堂文集（一）》，頁 862。
〔註 130〕曹元弼，〈上唐春卿尚書師書〉，《復禮堂文集（一）》，頁 874～875。
〔註 131〕曹元弼，〈上唐春卿尚書師書〉，頁 879。
〔註 132〕張海鵬、李細珠，《新政、立憲與辛亥革命：1901～1912》（南京：江蘇人民出版社，2005 年），頁 233。關於清末立憲的詳細情形亦可見此書第四章。
〔註 133〕王仁俊，《格致古微》，頁 67。
〔註 134〕王仁俊對立憲之義還有如下申論，他說：「試徵之聖賢之訓，孔子曰：『天下有道，則禮樂征伐自天子出；天下有道，則庶人不議。』此萬世不易之正論也。至孟子則曰：『民爲貴，社稷次之，君爲輕。』意蓋爲戰國時君發，即立憲政體所自昉。欲君之知貴夫民，非教民自貴以抗君也。」王仁俊強調立憲只是在使君主知「重民」，而非使民獲得權力以對抗君主。孫德謙亦有與王仁俊類似的看法，他說：「蓋人羣則爭，非君不足以治之，故君權不得不尊。若專尊民權，吾恐民之爭亂將無已時矣。但孟子何以云民爲貴也？是言一國之君，當以民爲貴耳，非謂民尊於君，而人君反卑之也。」孫德謙一方面指出孟子之言是在「重民」，另一方面也指出君權的存在是爲了統理人羣所必需，重民權將導致紛爭。王仁俊，〈學堂歌箋自序〉，頁 510。孫德謙、張采田著，

弼也說：「夫所謂立憲者，將以公是非，達民情，使吏不得虐其民，而民知與
國爲體也。」〔註135〕顯然曹元弼與王仁俊同樣都以「達民情」作爲立憲的主
要功能，曹元弼甚且指出通達民情，就能使人民與國家合爲一體。楊壽昌則表
示「通」乃是一切政治學問事業的核心，通則進，塞則退，而「通」之一字運
用到本國政治上，即在於「通上下之情」。故若望達到「通上下之情」的境界，
莫如開議院。〔註136〕實則早期宣傳議院制度的王韜、馮桂芬等人，亦認爲議
院可溝通政府與人民間的隔膜，〔註137〕在這點王仁俊等人與他們的觀點可說
極爲相符。惟在批評專制會導致君民隔絕上，〔註138〕王韜與王仁俊、曹元弼
的看法不同而已。

有趣的是，有別於王仁俊與曹元弼，楊壽昌如此強調「通」的重要性，
卻與他對專制政體的批評有關。楊壽昌曾嚴詞批評專制政體末流之弊，是內
與外隔絕、此省與彼省隔絕、上官與屬吏隔絕，導致中國的政治麻木不仁、
百事費遲。這些都是專制政體所具有的缺陷，而憲政國家所沒有的。〔註139〕
王韜也說三代以後君民日遠，君民間的鴻溝導致輿情隔閡，君不得聞民之疾
苦，〔註140〕這簡直與楊壽昌的批評如出一轍。楊壽昌甚至根據這些專制政體
的弊病表示：「專制政體之不能存於今日，雖三尺童子知之矣」。〔註141〕就他
批評專制與推崇憲政的想法看來，實與上述王仁俊、曹元弼或張爾田相去甚
遠，卻與王韜更爲相近，這是楊壽昌有別於以上眾人之處。更可以說王仁俊
與楊壽昌兩人贊成立憲的初衷乃是背道而馳，王仁俊是在可以不牽涉到民權
的基礎上贊成立憲，楊壽昌卻是在反對君主專制的基礎上加以支持。

若再以另一湖北存古學堂教習杜宗玉的言論加以比較，更能顯出楊壽昌
的激進之處。杜宗玉曾以法國大革命後的黨派紛爭，和華盛頓統合聯邦爲例，
說「議院善矣，而行賄乃及於小民；共和善矣，而成功多由於專制」，杜宗玉
以此認爲共和與議院是造成法國亂象的始作俑者，法國因此而「思得專制君

《新學商兌》，頁 32a。
〔註135〕曹元弼，〈上南皮張孝達相國書〉，頁 862。
〔註136〕楊壽昌，《經學大義‧書經》，頁 70b～71a。
〔註137〕汪榮祖，〈晚清變法思想析論〉，頁 38～39。王韜，〈達民情〉，《弢園文錄外
　　　　編》，頁 96～98。
〔註138〕王韜，〈重民下〉，《弢園文錄外編》，頁 35。
〔註139〕楊壽昌，《經學大義‧書經》，頁 62b～64a。
〔註140〕王韜，〈重民下〉，頁 35。
〔註141〕楊壽昌，《經學大義‧書經》，頁 62b～64a。

主」；相較之下，華盛頓一人而能統合聯邦，顯然「一人專制」才是成功的正途，〔註142〕可見得杜宗玉對共和與議院的抨擊，以及他對君主專制的讚揚，與楊壽昌恰恰相反。

杜宗玉更將上述看法擴及對西方史書的整體評價，他說西方史書批評貴族把持朝政、封殖私邑、荼毒百姓，這與《春秋》譏諷世卿把持朝政，以至於國斯不國相同，都是「不以專制屬君者為非」。〔註143〕易言之，在杜宗玉的解讀下，西史諷刺貴族與《春秋》相同，其實都在強調君主握有專權的必要，否則將導致權臣秉持朝綱，招致禍亂。更有趣的是杜宗玉對羅馬史的評語，羅馬在西元前 509 年行共和後，仍然是貴族專權，貴族與平民不能平等。根據此段歷史，杜宗玉判定今日中國若行憲法、設議院，權力仍然只能歸於貴族。若貴族能夠秉公理以行事，自然是有裨於政治；若只會徇私，只是再添一弊政而已，對國家並無幫助。所以杜宗玉對這段史事總結道：「合乎公理者，謂之憲法；違乎公理者，謂之專制。能合公理，雖專制亦憲法也。」〔註144〕在杜宗玉的論述裡，憲法與專制似乎是某種概念，而非政治制度。而且專制與憲法的定義並非絕對的，這兩種制度是否合理端視有無合乎公理而定，只要合乎公理，兩者甚至可以相互等同。

基於上述的觀點，對於清末蜂起批評君主專制的言論，杜宗玉回應道：
> 或且謂中史為一家譜牒，無關於全國民庶，浸淫其說，遂稱中國主權獨尊，民權過遏，專制四千餘年。西史尚民族主義，伸民而抑君，故有共和立憲諸政體；中史尚專制主義，尊君而抑民，故與突厥俄羅同風俗。由是而平權自由自治革命諸誕辭，蜂起潮湧，競託於西史以為名。嗚呼！西史何曾有是哉！〔註145〕

杜宗玉認為西方史書根本從未有過民權、共和、立憲、平權、自由、自治、革命等如此荒謬之言，這些都是今人託名西方史書而妄發議論，甚至還藉此攻擊中國史書言專制四千餘年，言中國史書過度遏止民權，但是西方史書何曾有過此等言論！杜宗玉以英國查理二世（Charles II, 1630～1685）在克倫威爾（Oliver Cromwell, 1599～1658）倒台後，返英執政受到擁戴，以及法國聖

〔註142〕杜宗玉，《西史地理通釋・後敘》，頁 2b。
〔註143〕杜宗玉，《西史地理通釋・後敘》，頁 1a。
〔註144〕杜宗玉輯，《外國史（羅馬）》（出版地、出版社不詳，清末鉛印本），頁 7a。
〔註145〕杜宗玉，《西史地理通釋・後敘》，頁 1a。

女若安（即貞德，Jeanne la Pucelle, 1412～1431）幫助查理七世（Charles VII le
Victorieux, 1403～1461）加冕，力抗英國（杜宗玉誤以爲德國）的兩個事件爲
例，說明西方史書亦是強調忠孝，可見西方史與中國史同樣都是合於經義中
之君臣倫理。〔註 146〕要言之，杜宗玉的看法實與楊壽昌形成一反背，杜宗玉
非但致力於頌揚君主專制的必要與好處，亦且視立憲或議會等爲等而下之的
制度。甚至杜宗玉的想法較諸王仁俊等人還更爲保守，因爲杜宗玉根本就不
承認立憲或議會能夠使國家富強，反而更容易導致國家的衰敗。惟在維護君
臣之綱上，杜宗玉與王仁俊等人是站在同一陣線上的。不過有趣的是，杜宗
玉並未因此連帶抨擊西方國家或西方歷史，反而極力論證西方與中國相同，
皆具備綱常倫理的思想。這亦可證明當時的西方在時人眼中具備的美好形
象，使得不論贊同西方言論甚或反對者，皆以西方爲護身符。但換個角度而
言，杜宗玉的作法仍然是在抬升中國的地位，使其與西方等同。這一方面是
在維護中學的地位，一方面又承認西方的完善。杜宗玉的出發點，實與前述
王仁俊詮釋議院的立意相同。

楊壽昌在立憲這個議題上，除了與上述存古學堂諸學人對專制的評價不
一外，尚有其他相異之處。楊壽昌認爲議院的功能不只在於通上下之情而
已，還應該要「實行代表民意」，否則所謂的議院能夠「同民之所好惡」只
是空言罷了。楊壽昌甚至引用〈洪範〉中的「謀及乃心，謀及卿士，謀及庶
人」這句話，以證明庶人之議政權要與君主及卿士相等。〔註 147〕唯有人民
擁有議政權，才能夠使民情上達，使人民具有政治思想，並視國事如家事。
〔註 148〕由前述王仁俊等人的論點看來，人民擁有議政權卻正是王仁俊等人
所無法接受的，因爲這將會損及君權的完整，此亦可見楊壽昌與他們的觀點
有多不相同。

以下再來看看當時倡設議院甚力的康有爲是怎麼說的，以俾與上述諸人
的言論相比較。康有爲曾對下議院曾有如下申論，他說：

〔註 146〕杜宗玉，《西史地理通釋‧後敘》，頁 1b～2a。
〔註 147〕同樣援用〈洪範〉「謀及乃心，謀及卿士，謀及庶人」的馬貞榆，其結論卻與
　　　　楊壽昌有所不同。他引用〈洪範〉此言是爲了證明中國古聖王即能與人民共
　　　　同治國，這與所謂的「立憲」實無相異，只是後代子孫不能夠保守前賢之業。
　　　　今有倡論自由平等邪説者，反而說中國二千年之政體不如外國。馬貞榆的言
　　　　下之意，顯然是藉此反駁批評中國二千年來皆爲專制政體之人。馬貞榆，《馬
　　　　氏經學叢刊‧尚書要旨》，頁 32a～32b。
〔註 148〕楊壽昌，《經學大義‧書經》，頁 55a。

> 下議院若但發爲議論，備當事采擇，則采與不采，擇與不擇，悉聽
> 當事之便，而下議院爲無權矣。下議院者何？全國人民之代表者也。
> 曷謂之代表？全國人民不能人人入議院以議定其政事，故於人民中
> 選舉若干人以代議其事，所謂代議政體也。代議者，人民之權利。
> 不能以君主之威，而使之不議，即不能以君主之威，而使之無權，
> 此所謂民權也。故議院者，爲民而設，非爲君而設。若但備采擇，
> 是專制國之顧問官，而議院不如是也。〔註149〕

在康有爲的詮說中，下議院乃是全國人民之代表，故稱之爲「代議」。代議政體既然代表全國人民，雖君主之威亦不能使之不議，這就是人民所享有的民權。故康有爲認爲議院握有議定政事之權，而非僅僅提供意見供君主參考，否則議院就與顧問沒什麼兩樣了。

非惟如此，康有爲還表示英國、美國等國是下議院享有立法權，君主與大統領（即總統）卻僅僅具有行政權而已。易言之，康有爲認爲決定事務的權力是在議院手上，君主不過拱手畫押實行罷了，下議院的權力實遠超君主之上。雖然有些國家如奧國或意大利，君主得與議院共享部分的立法權，但這也與專制國家中以君主一人之所是爲是，以君主一人之所非爲非的情況殊不相同。議會制度有議員們能夠主持一國之事，避免一國之事淪爲一人一家之事。〔註150〕議員既然是全國人民的代表，使議員主持一國之事也就等於使全國人民主持一國之事，這正是企圖實踐上節康有爲強調國家應使人民握有主權的觀點。楊壽昌雖然在人民握有主權這點上不如康有爲激進，但在認爲議院應擁有議政權上是與康有爲相同的。執此而論，楊壽昌的想法較諸其他存古學堂學人，更接近康有爲一些。

實際上楊壽昌對立憲也並非全無限制，他指出憲政法律必定要根基於道德之上，「無道德則必不能有完全之法律，而所有法律必盡失其作用之精神」。至於道德與法律指的是什麼？楊壽昌說：「言乎其人，則道德主義所由生也；言乎其分配之法，則法律主義所由生也。」〔註151〕易言之，道德與人相關，法律則爲規範守則。楊壽昌對此觀點有更進一步的申論，他說法律雖然能夠規範行政方針與官員的職責權力，但是法律的制定並非平地而起，必定是依

〔註149〕康有爲，〈代上海國會及出洋學生復湖廣總督張之洞書〉，頁330。
〔註150〕康有爲，〈代上海國會及出洋學生復湖廣總督張之洞書〉，頁330～331。
〔註151〕楊壽昌，《經學大義‧書經》，頁74b～75a。

照人的意志與行為。法律在運作時，亦不能離開人的作用。所以楊壽昌才說
一切法律無法離開道德而獨存。他又舉孟子之言為例，說孟子早已有言曰「上
無道揆也，下無法守也」，楊壽昌舉孟子之例，顯然意在執此以佐證這種「道
德」乃中國古已有之。所以楊壽昌說若立憲定法時，能夠使法律不悖於道德，
即可算是盡中國經義之用了。〔註152〕反之，若法律無道德，只是徒然模仿憲
政的外形而已，根本無法真正獲得憲政的精神。〔註153〕簡言之，楊壽昌這段
對立憲的規範要求，其實主旨乃在於強調法律的制定要以人為本，不可過於
高談闊論，以免淪為紙上談兵。楊壽昌雖則一再申述這種道德是源於中國傳
統，惟深究其「道德」的實際意涵，似已稱不上與中國傳統的道德有何關聯。
這與楊壽昌對自由之說的詮釋相同，皆可做為楊壽昌表面上雖然仍然堅持儒
家傳統，惟其實質實已非傳統儒家所言的例證。而上一節王仁俊與楊壽昌兩
人在解釋「自主」時的差異：「一則是以固有之中學來詮釋西方的學說，一則
是將西學的新說套上中學的外衣」這種狀況，在此又重複出現。正如前述，
王仁俊期許議院能夠達到的「通上下之情」，本就是中國政治長久以來的課
題，而其議院的前提亦奠基在君主握有權力上，似乎只是用立憲、議院等新
詞彙來包裝中國固有的學說，楊壽昌則恰恰相反。

　　從本章最初討論的「西學源出中國說」始，乃至後來的主權、民主、議
院等等詞彙的論述，皆可見得本章中所出現的士人學者，無不意圖以傳統思
想資源為媒介，來做為詮釋西學的工具。以王仁俊、杜宗玉及張爾田等人的
觀點看來，他們如此致力於以中國固有思想來闡釋西學，無非是一方面試圖
申論中學仍具有其價值，另一方面也寓有以中學所含的「道」來規範西學，
使之不溢出倫理綱常道德範圍的含義。楊壽昌的理念其實也與王仁俊等人相
同，是故楊壽昌亦一再申述「自由需以君父為綱」、「憲法不可背離道德」之
類的觀點。只是楊壽昌最後的結論卻與王仁俊等人相去甚遠，可見得就算是
運用同樣的思想資源、具有相類似的意圖與目的，卻會得出大相逕庭的解讀
和結論。最為明顯可見的即在於其一以固有中學來詮釋西方學說，其一則是
將西學的新說套上中學的外衣，看似皆是以中釋西，結果卻全然不同。

　　這其中楊壽昌的言論也許可以借用張灝的說法來加以解釋。張灝認為轉
型時代出現了所謂的「價值取向危機」，他認為儒家的三綱之說在轉型時代受

〔註152〕楊壽昌，《經學大義・書經》，頁74b～75a。
〔註153〕楊壽昌，《經學大義・書經》，頁75b。

到「西潮」的衝擊尤爲深巨，儒家的人格理想——聖賢君子，和儒家的社會理想——天下國家，都受到西學所引起的震盪而解紐。張灝又進一步解釋道，所謂的解紐並不是解體，解紐是指這兩組理想的形式尙保存，但儒家對理想所作的實質定義已經動搖且失去吸引力。張灝就以梁啓超在光緒 28 年到 29 年間寫的〈新民說〉爲例，認爲梁啓超對現代國民的理想人格所作的實質定義，已經不是儒家聖賢君子的觀念所能限定，因爲他的人格理想已經摻雜了一些西方的價值觀念。同樣的，劉師培在光緒 31 年寫的《倫理教科書》也提出了他對新時代所矚望的人格和社會理想，但其心目中人格理想與社會理想，是否仍是傳統儒家的聖人君子與社會藍圖，皆頗值存疑。〔註154〕

　　借用張灝的說法，楊壽昌在面對清末以降的康梁等人所宣揚的國家與朝廷界說與自由平等之說時，雖然仍承認綱常倫理的重要性，但對君臣之際的實質已經沒有如此嚴格遵守，甚至可說楊壽昌對君主的權威抱有否定的態度。至於楊壽昌在面對議院之說時，也同意立憲即是應該給予人民議院權力，才能達致立憲的主要目的。上述諸想法出自任教於存古學堂的教習之口，更可見儒家傳統在清末遭遇的危機與解紐的情形，乃是強大而不可忽視的。這亦可印證上一章張爾田與孫德謙的憂慮，一旦援西入中，那麼中學的實質被偷天換日的改變，只剩下中學的空殼，內裡填裝的卻是西學的思想，這也只是時間早晚的問題。

〔註154〕張灝，〈中國近代思想史的轉型時代〉，《時代的探索》，頁 47～48。

第五章　結　論

　　本文討論了存古學堂的建立與背後的目的,《新學商兌》中對經典解讀的論爭,以及最後存古學堂學人如何因應西方的民主自由等思想,在這些看似各不相同的議題中,貫穿其中的,允爲這些士人如何運用傳統思想資源經世的意圖。正如文中所討論的,不論是張之洞、張爾田、葉德輝、王仁俊、楊壽昌等人,甚或是與其意見不同的康有爲、梁啓超,其實皆意圖在世變之亟時,援引中學以爲經世的工具。問題在於:他們如何運用這些傳統資源?其最終得出的結論又有何相別?若要細究其中的差異,也許可以先從存古學堂設立之初的原因開始說起。

　　存古學堂這樣一所學術機構,不論任教於其中者,或者是此學堂中所學,經常被視爲守舊、迂腐的,其存在似乎只具有消極保守中學的意義。若執此觀點以視存古學堂,而謂存古學堂僅具有保存中學的一面,其實是忽略了張之洞設立存古學堂背後的思維脈絡。張之洞從最初進行教育事業開始,就一再注意及西學的致用性質。爲此,張之洞對於如何調配中西可說煞費苦心,張之洞最後選擇以學堂來作爲他發展教育的主要機構,主因厥爲學堂更能夠擺脫腐陋積習以應世變,存古學堂亦不例外。但是不可忽略張之洞的教育脈絡中另一主旨,即致力於培養「體用兼備」之人才,這乃是中學在張之洞教育中不可或缺的原因之一。

　　張之洞要如此強調中學之作爲體的重要性固有其因。正如同存古學堂作爲清朝官方教育一環的地位一般,存古學堂設立的目的,實際上具有相當程度的政治性質,即在於因應排滿革命風潮,而試圖於學堂中培養忠君愛國的心思。張之洞等倡議存古學堂或其中的教習,大致皆不悖離這樣的立場,而

對此有所申論。不論是爲學應新故相資，或者是中國古來之文物皆需視爲國粹而加以保存等等，都是基於培養愛國心，冀圖使存古學堂學生不至於偏離正道所採取的措施。在這點上，存古學堂與國粹學派雖然同樣皆強調在追求西化的同時，不應忘記中國自有之學術，惟政治立場的差異，使他們對「國粹」的致用性質也有不同的理解。與清廷以國粹強化忠君愛國思想的立場相反，國粹學派直是將國粹用來作爲排滿革命的工具。在這裡，很清楚的看到傳統學術作爲一種可資利用的思想資源，受到清廷官方與革命派不同的詮釋，而產生了極大的差異。

　　若以清廷的政治立場看來，清末與國粹學派同樣被視爲大逆不道者，還有戊戌變法的主要推行者康有爲、梁啓超二人。存古學堂學人所反對康梁者並不全然在政治方面，亦有從純粹學理的角度加以駁斥者，此即爲孫德謙、張爾田《新學商兌》之作，這與孫張二人自身的學術觀點有關。實際上《新學商兌》在清末諸多批評康梁的論說中顯得極爲特出，原因乃在張爾田既服膺《公羊》，意圖以講求微言大義的今文經學以求經世致用之道，其學術立場就與其他抨擊康梁而一併及於《公羊》者，有著顯著的差別。也正是張爾田力圖以今文經學應對世局的想法，他對古文家說如章太炎、葉德輝等人亦不認可，認爲古文經家徒究心於考據，不明微言大義之所在，將會有破碎大道的疑慮，甚至有導致滅種廢道之危機。同樣出於經世的考量，孫德謙與張爾田亦將治學的方向轉入諸子學，意圖以諸子的經世之學補充儒學之不足。實際上諸子學在清代中葉以降已逐漸復甦，其原因就在於儒者意圖由諸子學中尋求經世之方，孫德謙與張爾田二人講求諸子亦可說是處於此脈絡之下。但在講求諸子學的同時，孫張二人仍頗爲注意諸子的經世之道與儒家不可相違，這也與清末講求諸子學甚力的章太炎有根本上的不同。章太炎在闡揚諸子學的同時，卻對儒家學說多所批評，章太炎所用以揶揄孔子的例證亦率皆由子書中而來。

　　那麼，《新學商兌》批評康梁之處究竟何在？《新學商兌》主要是以梁啓超〈論支那宗教改革〉一文爲抨擊的核心，該文爲梁啓超流亡日本後所作，主旨在闡釋康有爲對中國學術的論點。康有爲認爲六經可分爲大同與小康二脈，眞正傳孔子之學者只有《易》與《春秋》，此即爲大同之學，而其他的典籍皆是小康，乃是「因沿舊作」，不傳孔子之意。而在大同的《春秋》三傳中，康有爲又特別推崇《公羊》，尤其《左傳》乃是經過劉歆而僞造的古文經，不

可輕信，是以孔子的大同之道只見於《公羊》一經。同樣的，康有為亦以此大同小康的分別來斷定孔子後學的流傳，他認為孟子所傳者為大同，乃是孔子的真傳。荀子所傳則為小康，不只不傳孔子的真意，還阻礙了孔子真意的流行，使孔子的大同之道二千年來掩而不彰。

康有為所論的中國學術源流有如上述，顯見康有為乃致力於發揚孔子的大同之道，但是這也正是《新學商兌》所不同意康梁之處。張爾田雖然偏主今文經，惟其學以章學誠的六經皆史說為基礎，他首不同意者為康有為將《左傳》貶為偽經的說法。而孫德謙與張爾田的治諸子學，亦是以章學誠流略學的眼光來研究諸子，強調要各還諸子之真。梁啓超肆力於排詆荀子，甚至將荀子推為二千年來專制之學的元兇，這點亦為孫張二人批評他是不能各還諸子之真。不過對孫張二人來說，康梁學說最使人憂懼之處，還在於康梁將孔子的大同之道灌入西方的自由平等等學說，並指稱此為孔子的微言大義所在。此等以西附中，卻又宣稱自己得孔子之真意的言論，使孫張二人對康梁學說有「名為治經，實足亂經」的恐懼，這亦可說是《新學商兌》不得不辨康梁學說的原因。

然則，如何面對日漸強大的西學，正是康梁等人以及存古學堂諸學人所不能迴避的問題。為此馬貞榆、王仁俊與楊壽昌等人採取了「西學源出中國說」的觀點，一面冀圖接引西學，一面維持中學所具有的地位。他們採取西學源出中國說這樣的方式，不能不說是由於傳統學術典籍乃是中國士人自幼通習的思想資源，在面對不可知的事物時，往往會以固有的思想資源加以解釋與合理化，作為了解新知的工具。不過就算同樣採取西學源出中國說，王仁俊與楊壽昌的看法仍頗不相同，王仁俊乃是以是否有違三綱五常，作為採納西學與否的標準，楊壽昌卻特別注重人民在國家中的重要性。

也許就是這樣對西學源出中國說的不同申論，影響了王仁俊與楊壽昌在面對西學西說時採取的態度。當清末國家與朝廷界說興起時，王仁俊本其維護君臣之綱的立場，絕不可能同意「國家非君主所有」這種看法。但是楊壽昌的想法卻與提倡國家與朝廷之別的康梁等人甚為相似，楊壽昌亦視國家為人民的公產，君主不得佔為私有。實際上與國家朝廷界說的關鍵之一，厥為「主權」的問題，而會興起關於主權的討論，又與西方「自主」的概念流傳入中國有關，康有為可說亦是清末闡發「自主」概念甚力的其中一人。那麼王仁俊又是如何面對「自主自由」之說的呢？實際上在不背離三綱五常的原

則上，王仁俊是能夠同意自主自由之說的，他甚且不忘擷取經典中關於自主的言論以闡釋自主。也許正因如此，王仁俊的說法更帶有一種以中學的內裡套上西學外衣的意味，外在雖套上西學之新名，就其實仍是中學固有的思想。這更明顯的表現在王仁俊對民主、民權與議院的詮釋上。王仁俊對民主與民權的批評早已有之，他認為民主與民權將會對君權產生危害，萬不可施行。但是清末以來的立憲言論的風行，使得清廷在光緒 32 年時也開始進行預備立憲。對於與民主、民權密不可分的立憲，王仁俊是如何解釋的？他認為只要能夠確保權必專屬於君，行立憲開議院未嘗不可。議院之開的目的只在於通上下之情，這與中國古已有之的鄉校論政立意相同。易言之，在切割了具有危險的民主與民權後，王仁俊眼中的議院其實只是古代鄉校論政的另一種延續，不過現在稱之為議院而已，這又是將西學的新名灌以中學實質的另一例證。

相對於王仁俊，楊壽昌似乎呈現了另一種西學源出中國說的典型。與康有為極為類似，楊壽昌亦將自由平等視為三世進化之後所要達到的目標。由楊壽昌的言論視之，可說儒家的綱紀倫理仍是楊壽昌心中的根柢之學，故楊壽昌在申論自由平等時，仍然不忘強調要以儒家綱紀倫理加以約束。惟就其論說的實質，他用以限制自由平等的言論與其說出自於儒家，不如說出自於康德。而他意圖以《尚書》中的言論證明中國古即有關於自由的言論，卻只是將西學的新說套上一層中學的外衣，與王仁俊恰為一反面。楊壽昌更為激進的言論還在於他對議院的看法，與王仁俊意圖切割民主民權與議院的關係相反，楊壽昌認為議院必得給予人民權力，否則稱之為顧問即可，何必說是議院呢？與楊壽昌認為自由平等應有限制的看法類似，楊壽昌亦宣稱立憲之時必有其規範，他並且援引孟子之言作為例證，但是規範的內容似乎也與孟子之言無涉了。

正如本文一開始所述，中國士人在面對世變的時候，首先想到的總是引用自身所固有的思想資源，並根據現實的需要對中國學術進行詮釋。張之洞對中學乃至國粹的詮釋是如此，張爾田的《史微》某種程度上也是對中國古代學術史的重新解釋，孫德謙的《諸子通考》亦然。更遑論馬貞榆、王仁俊與楊壽昌的西學源出中國說，亦是為了接引西學而對中學做了若干比附與闡發。但是康有為運用《公羊》作為改制的理論基礎，章太炎以國粹作為排滿革命的工具，又何嘗不是基於同樣的道理？在這點上，存古學堂諸學人與康

有爲、梁啓超乃至章太炎等人並沒有什麼不同，不管是存古學堂、康有爲、梁啓超或國粹學派，皆引經據典以作爲自身學說的合理性來源。重點在於，重新詮釋的界線到哪？又該如何因應現實？在這個層面上，個人有各不相同的角度與方法，是以有了論爭的產生。這些論爭背後昭示的意義，並非僅僅只有學術見解上的不同而已。從文中可以看到，張爾田與張之洞的看法就並不全然吻合，梁啓超與康有爲的見解也不是就完全一致。上述諸人在清末對經典的重新解釋，代表傳統本身其實仍是有其生命的，並提供多元的解讀，而非只是一具死氣沉沉的軀體。

當然，存古學堂學人之間也有相一致的基本立場，張之洞與曹元弼始即以抵禦排滿革命作爲中學經世的目的之一，這可見除了西學的大舉輸入外，政治上的困境亦是存古學堂學人所要面對的課題之一。從一開始張之洞、曹元弼對中學培養忠君愛國之心的申論，到張爾田、孫德謙抨擊康有爲以自由平等之說入《公羊》，乃至於最後王仁俊意圖將民主民權剔除於議院之外的言論，無不與他們與清廷相一致的立場有關。這當然是他們與倡言革命的國粹學派最大的不同所在。雖然時至今日，以後見之明來審視康有爲的立場，他似乎更傾向在不推翻君主的基礎上進行立憲，惟在時人眼中，康有爲與孫中山等革命黨實在沒什麼太大的分別。張之洞在自立軍事件後，就迭發文稿指稱康有爲梁啓超等人爲「逆黨」，〔註1〕王仁俊的〈實學平議〉則將康有爲與孫中山相提並論，共同視爲革命的大逆不道之徒，〔註2〕張爾田也直指康有爲的改革爲革命。由此實可見政治立場的不同，對學術解釋上的影響不可小覷，也導致了他們根本的差異。

但是是否就能夠說這些存古學堂學人是「愚忠」呢？亦不盡然。林志宏分析了入民國之後遺老們的心態，他們堅持君臣之綱就算在民國之後仍然適用，原因厥爲清遺民們認爲君臣之綱乃是三綱之首，若君臣之綱一旦消失，其他的人倫價值該如何保有？就此而論，君臣之綱實代表了人際之間的尊卑原則與秩序。〔註3〕存古學堂學人之所以如此致力於維護君臣之綱的重要性，

〔註1〕張之洞，〈勸戒上海國會及出洋學生文〉，王仁俊，《闢謬篇·卷下》，頁15a。
康有爲，〈駁后黨逆賊張之洞、于蔭霖誣捏僞示〉，收入姜義華、張榮華編校，《康有爲全集（五）》，頁283。

〔註2〕王仁俊，〈實學平議·改制闢謬〉，《實學報》，頁831。

〔註3〕林志宏，《民國乃敵國也——政治文化轉型下的清遺民》（臺北：聯經出版社，2009年），頁188～189。

也許亦是基於同樣的理由，維護君臣之綱並不僅僅是對清朝的效忠，更在於
其背後乃是一整套中國的倫理價值。同樣的，他們之所以對西學的採納如此
戒慎恐懼，是看到西學對於綱常倫理造成的最大危害，在於西學亦自有一套
倫理價值系統，而能夠取傳統的三綱五常而代之，若果真如此，中學將只成
為一個毫無意義的空殼。是故，維護中學及其背後的價值倫理體系，乃成為
存古學堂諸學人在學術申論及經世時的主命題。在這裡，曹元弼「古存則道
存」一語正可作為他們的最佳註腳。

　　平心而論，存古學堂本身乃至與身其中的學人，在日後都備受冷落，在
此我想指出的是：關於這一課題的研究價值並不在於存古學堂或這批學人在
當時多受重視；恰好相反，他們的邊緣化正可反映出他們思想言說中的核心
價值，已經無法吸引同時代其他人的注目或跟隨，或者更直接的說，他們所
提出的口號是與當代時興的論點相違的。藉由楊壽昌的言論，能清楚的看到
這一點。在存古學堂教習中，楊壽昌的立場頗堪玩味。實際上由其言論可見，
楊壽昌仍是以儒家綱常倫理為其基本的立身信仰，而他在詮釋西學時也經常
強調西學仍應以儒家倫理為規範。但是這些言論中所顯示的立場似乎某方面
是與儒家倫常相違背的，幾有離經叛道之嫌。這正如張灝所說的，雖然他的
儒家倫理與理想尚具備，惟其實質卻已經被偷天換日的改變。由本文的敘述
來看，這種情形當然不只出現在楊壽昌身上，康有為、梁啓超等人亦可說是
如此，只是楊壽昌存古學堂教習的身分，更讓人體會到西學所帶來的危機及
傳統的崩解在清末已極為迫切，甚而成為五四以後全盤西化的先聲。

附表一　湖北存古學堂教職員表

姓　名	職　稱	生平簡歷	到堂年月	去堂年月
紀鉅維	監督	直隸人，侍讀銜內閣中書	光緒 34 年 10 月	宣統元年 11 月
張仲炘	監督	湖北進士、前通政使司參堂	宣統 2 年 3 月	不詳
繆荃孫	名譽教長	江蘇進士	只到堂一次	不詳
蒯光典	名譽教長	江蘇進士、四品京堂、歐洲留學生監督	只到堂一次	不詳
王仁俊	教務長兼經學教員	江蘇進士、湖北候補知府	不詳	光緒 34 年 3 月停支
姚晉圻	教務長兼史學總教	湖北進士、法部主事	光緒 34 年 3 月	不詳
杜宗預（玉）	齋務長兼史學并外國史教員	湖北貢生、內閣中書銜、候選知縣、署漢陽府訓導，曾肄業經心書院	光緒 33 年 7 月	不詳
曹汝川	齋務長	廣東人候選同知，曾肄業廣東水陸師學堂	宣統元年 1 月	宣統元年 11 月辭差停支
陳樹屏	庶務長	安徽進士、前署湖北武昌府候補知府	光緒 31 年 4 月	宣統元年 8 月辭差停支
蕭延平	監學兼辭章教員	湖北選拔舉人、候選知縣，曾肄業兩湖書院	光緒 33 年 7 月	不詳
王劭恂	監學兼史學教員	湖北舉人、儘先選用知縣，曾肄業兩湖書院	光緒 33 年 10 月	不詳
李哲暹	監學兼史學分教	湖北舉人、前黃梅縣教諭	宣統 2 年 1 月	不詳
閔豸	檢查員兼	湖北優廩生，曾肄業經心書	宣統元年 1 月	宣統元年 12 月

	監學	院，派往日本宏文學院師範科畢業生		辭差停支
曹元弼	經學總教	江蘇進士、內閣中書、欽賜編修	光緒 33 年 7 月	宣統 2 年下學期以後辭差停支
馬貞榆	經學總教	廣東廩貢、翰林院典簿，曾肄業詁經精舍	光緒 33 年 7 月	不詳
王代功	經學協教	湖南優廩	光緒 33 年 7 月	宣統元年 2 月改差停支
黃爕森	經學協教	湖北貢生、浙江縣丞，曾肄業經心書院	光緒 33 年 7 月	光緒 34 年 4 月病故停支
連捷	經學協教	京旗進士、湖北候補知府	光緒 33 年 7 月	光緒 34 年 3 月改差停支
錢桂笙	經學協教	湖北舉人	光緒 34 年 9 月	不詳
李文藻	經學分教	湖北舉人、候選知縣，曾肄業兩湖書院	光緒 33 年 7 月	光緒 34 年 10 月改差停支
傅廷儀（彝）	經學分教	湖北增生，曾肄業兩湖書院	光緒 33 年 7 月	不詳
楊守敬	史學總教	湖北舉人、內閣中書	光緒 31 年 6 月	宣統元年 2 月改差停支
傅守謙	史學分教	湖北舉人、候選知縣，曾肄業兩湖書院	光緒 33 年 11 月	光緒 34 年 9 月銷差停支
左樹瑛	史學分教	湖北優廩生，曾肄業經心書院	光緒 34 年 2 月	宣統元年 2 月改差停支
周從煊	史學教員	湖北舉人、儘先選用知縣	宣統元年閏 2 月	不詳
雷豫釗	史學教員	湖北舉人、儘先選用知縣，前肄業經心書院	宣統元年閏 2 月	不詳
陳德薰	詞章教員	湖北進士、前禮部主政	光緒 33 年 11 月	宣統元年 2 月改差停支
龔鎮湘	詞章教員	湖南進士、安徽補用道	光緒 34 年 3 月	宣統元年 2 月改差停支
顧印愚	詞章教員	四川舉人、本任湖北武昌縣知縣	宣統元年 2 月	宣統 2 年下學期以後停支
李元音	詞章兼經學教員	湖南舉人、湖北候補知縣	宣統元年 8 月	不詳
黃福	詞章兼經學協教	湖北舉人、江夏縣教諭，曾肄業經心書院	光緒 34 年 5 月	不詳

呂承源	詞章協教	湖北貢生、通城教諭，曾肄業經心書院	光緒 33 年 7 月	不詳
范軾	詞章協教	湖北進士、江西候補知府	光緒 34 年 3 月	光緒 34 年 9 月銷差停支
金永森	詞章分教	湖北舉人、崇陽縣教諭	光緒 34 年 4 月	不詳
黃福	詞章分教	湖北舉人、江夏縣教諭、曾肄業經心書院	光緒 34 年 5 月	不詳
孟晉祺	詞章分教	湖北舉人、前咸甯縣教諭	宣統 2 年 7 月	不詳
湯金鑄	算學協教	廣東人，候選通判	光緒 33 年 7 月	不詳
李啓煥	算學分教	湖北增貢生、候選州判，曾肄業經心兩湖各書院	宣統元年閏 2 月	不詳
皮樹椿	算學分教	湖北附生，曾肄業武昌府師範學堂	宣統 2 年 2 月	不詳
鄒代鈞	輿地教員	湖南人，分省補用直隸州	光緒 33 年 8 月	光緒 34 年 4 月病故停支
熊會貞	輿地分教	湖北貢生	光緒 33 年 7 月	宣統元年 2 月銷差停支
戴慶芳	外史兼輿地教員	湖北舉人，曾肄業經心書院	宣統元年閏 2 月	不詳
纂策鰲	博物兼理化分教	山東附貢布政司經歷銜，文會館畢業生	宣統 2 年 4 月	不詳
王繼昕	體操分教	湖北增生、曾肄業武備學堂	光緒 33 年 7 月	不詳
邱景嶷	音樂講友	湖南監生	光緒 34 年 1 月	光緒 34 年 9 月改差停支
李熙載	音樂講友	湖南監生	光緒 34 年 1 月	光緒 34 年 9 月改差停支
桑宣	文案	順天廩貢特科二等、候補知縣	光緒 33 年 7 月	宣統元年閏 2 月銷差停支
瞿榮棧	文案委員	直隸副榜、湖北補用知縣	宣統元年 3 月	宣統 2 年 2 月停支
鄧樸	文案委員	江蘇附貢、承襲難廕生、湖北補用知縣	宣統 2 年 2 月	宣統 2 年 10 月改差停支
封祝祈	文案委員	廣西舉人、湖北補用知縣	宣統 2 年 10 月	不詳
史錫華	收支	安徽人，湖北候補縣丞	光緒 33 年 11 月	不詳
龍章	檢查	安徽人，候選典史	光緒 33 年 12 月	不詳

※資料來源：〈湖北省城存古學堂一覽表　光緒 34 年上學期〉，〈湖北省城存古學堂一覽表　光緒 34 年第 3 學期〉，國史館藏教育部檔《平檔省立湖北存古學堂》。〈湖北省城存古學堂一覽表　宣統元年上學期〉，國史館藏教育部檔《平檔省立湖北存古學堂》。〈湖北省城存古學堂一覽表　宣統元年下學期〉，國史館藏教育部檔《平檔省立湖北存古學堂》。〈湖北省城存古學堂一覽表　宣統 2 年上學期〉，國史館藏教育部檔《平檔省立湖北存古學堂》。〈湖北省城存古學堂一覽表　宣統 2 年下學期〉，國史館藏教育部檔《平檔省立湖北存古學堂》。

附表二　江蘇存古學堂教職員表

姓名	職稱	生平簡歷	到堂年月
朱之臻	總理	浙江平湖縣蔭生，補授淮揚海道	光緒 34 年 3 月
樊恭煦	督辦	浙江仁和縣人，翰林院侍講，江蘇提學使	宣統元年4月江蘇巡撫札委兼任
曹元弼	經學總教	江蘇吳縣人，翰林院編修	光緒 34 年 4 月
葉昌熾	史學總教	江蘇吳縣人，翰林院侍講，前任甘肅學政	光緒 34 年 4 月
唐文治	史學總教	江蘇太倉人，進士，曾任農工商部侍郎，江蘇教育總會會長	約宣統 2 年
王仁俊	詞章總教	江蘇吳縣人，翰林院庶吉士，湖北補用知府，前充湖北存古學堂覺務長	光緒 34 年 4 月
鄒福保	詞章總教	元和縣人，翰林院侍講，兼江蘇師範學堂監督	宣統元年正月
鄭文焯	總校	漢軍舉人，內閣中書	光緒 34 年 4 月
陳志堅	算學總教	新陽縣人，舉人，清浦縣教諭，曾充南菁高等學堂算學正教員	光緒 34 年 4 月
孫德謙	協教兼詞章小學教員	元和縣廩貢生，候選訓導，前辦本省學署文案	光緒 34 年 4 月
孫宗弼	經學分教	吳縣附生，兼充公立中學堂國文教員	光緒 34 年 7 月
沈修	史學分教	吳縣增生	光緒 34 年 4 月
韓圭	算學分教	元和縣增生，堡舉候選縣丞，曾充本省高等學堂算學教員	光緒 34 年 4 月
童寶善	庶務長	浙江德清縣人，癸酉拔貢，候補知府，前學務處提調	光緒 34 年 8 月

張采田	庶務長	浙江杭州舉人，刑部主事，江蘇試用知府	約宣統元年 10 月
曹岳佑	齋務長	吳縣附貢生，浙江試用同知，江蘇法政學堂畢業	
汪元溥	監學員	長洲縣附貢生，候選訓導	光緒 34 年 4 月
張懋祖	檢查員	吳江附監生，湖北試用知縣	光緒 34 年 4 月
吳梅	檢查員	江蘇長洲人，縣學生員，曾任東吳大學堂教員	
金樹芳	掌書員	吳江縣優廩生，光祿寺正職銜	光緒 34 年 4 月
許樾	文案員	無錫縣優廩生，中書科中書職銜，江蘇省法政學堂畢業	光緒 34 年 3 月
俞侃	會計員	浙江德清縣附監生，江蘇試用巡檢	光緒 34 年 8 月

※上述表格轉引自：郭書愚，〈存古學堂述略〉，頁 152～153。

徵引書目

檔 案

1. 國史館藏教育部檔《平檔省立山東存古學堂》，目錄號：195，案卷號：140。

2. 國史館藏教育部檔《平檔省立陝西存古學堂》，目錄號：195，案卷號：137。

3. 國史館藏教育部檔《平檔省立湖北存古學堂》，目錄號：195，案卷號：135。

4. 國史館藏教育部檔《平檔省立湖南存古學堂》，目錄號：195，案卷號：141。

報 紙

1. 《大公報》，光緒33年-宣統3年。

2. 《內閣官報》，第78期，宣統3年9月19日。(「民國期刊全文數據庫」http://www.cnbksy.cn/shlib_tsdc/index.do)

3. 《四川教育官報》，第5期、第8期、第72期，光緒34年、宣統元年、宣統2年。(「晚清期刊全文數據庫」http://www.cnbksy.cn/shlib_tsdc/index.do)

4. 《申報》，光緒31年-宣統3年。

5. 《江西官報》，第1期，光緒31年。(「晚清期刊全文數據庫」http://www.cnbksy.cn/shlib_tsdc/index.do)

6. 《政治官報》，第16號，光緒33年10月5日，臺北：文海出版社，1965年。

7. 《國粹學報》，第3期、第4期、第82期，臺北：臺灣商務，1974年。

8. 《教育雜誌》，1：10、1：13，臺北：臺灣商務印書館， 1975 年。

9. 《清議報全編》，卷 1，臺北：文海，1985 年。

10. 《湖北官報》，第 3 冊，北京：全國圖書館文獻縮微複製中心，2006 年。

11. 《湖北教育官報》，第 9 期，宣統 3 年，北京：全國圖書館文獻縮微複製中心，2006 年。

12. 《湖南官報》，第 980 號，光緒 30 年 12 月 9 日，北京：全國圖書館文獻縮微複製中心，2006 年。

13. 《實學報》，第 1 冊、第 13 冊，臺北：文海出版社，1996 年。

14. 《廣益叢報》，第 148 期，光緒 33 年。(「晚清期刊全文數據庫」http://www.cnbksy.cn/shlib_tsdc/index.do)

時人論著

1. 〔宋〕程頤，《易程傳》，臺北：世界書局，1977 年。

2. 〔英〕赫胥黎（Thomas Henry Huxley）著，嚴復譯，《天演論》，北京：商務印書館，1981 年。

3. 上海人民出版社編，《章太炎全集（二）》，上海：上海人民出版社，1982 年。

4. 中國人民政治協商會議湖北省委員會文史資料研究委員會編，《湖北文史資料》8，武漢：湖北人民出版社，1983 年。

5. 中國史學會編，《戊戌變法》（四），上海：上海書店出版社：2000 年。

6. 中國近代教育史資料匯編編輯委員會編，《中國近代教育史資料匯編：戊戌時期教育》，上海：上海教育出版社，2007 年。

7. 卞孝萱、唐文權編，《民國人物碑傳集》，北京：團結出版社，1995 年。

8. 方東樹，《漢學商兌》，臺北：廣文書局，1977 年。

9. 王仁俊，《存古學堂叢刻》，臺中：文聽閣，2010 年。

10. 王仁俊，《格致古微》，北京：北京出版社，1998 年。

11. 王仁俊，《闢謬篇》，出版地不詳：存古學堂，清光緒 34 年鉛印本。

12. 王仁俊輯，《玉函山房輯佚書續編三種》，上海：上海古籍出版社，1989 年。

13. 王栻主編，《嚴復集（一）》，北京：中華書局，1986 年。

14. 王韜，《弢園文錄外編》，瀋陽：遼寧人民出版社，1994 年。

15. 四川省政協文史資料委員會編，《四川文史資料集粹》4，成都：四川人民出版社，1996 年，頁 417～428。

16. 朱有瓛主編，《中國近代學制史料》，第 2 輯下冊，上海：華東師範大學出版社，1983 年。

17. 何啓、胡禮垣,《新政真詮》,廈門:廈門大學,2010 年。

18. 宋恕,《宋恕集》(上冊),北京:中華書局,1993 年。

19. 李鴻章,《李鴻章全集(二)》,長春:時代文藝出版社,1998 年。

20. 杜宗玉,《西史地理通釋‧後敘》,出版地、出版社不詳,清末鉛印本。

21. 杜宗玉輯,《外國史(羅馬)》,出版地、出版社不詳,清末鉛印本。

22. 汪文甫文箋,王清信、葉純芳點校,《汪中集》,臺北:中央研究院中國文哲研究所籌備處,2000 年。

23. 姜義華、張榮華編校,《康有爲全集(二)、(五)》,北京:中國人民大學出版社,2007 年。

24. 苑書義、孫華峰、李秉新主編,《張之洞全集(一)−(五)、(十)−(十二)》,石家莊:河北大學,1998 年。

25. 孫德謙、張采田著,《新學商兌》,出版地、出版社不詳,民國 24 年刻本。

26. 徐世昌等編;沈芝盈、梁運華點校,《清儒學案》,北京:中華書局,2008 年。

27. 馬貞榆,《馬氏經學叢刊‧尚書要旨》,出版地、出版社不詳,清刻本。

28. 張之洞,《勸學篇》,臺北:文海出版社,1967 年。

29. 張爾田,《史微》,上海:上海書店出版社,2010 年。

30. 張爾田撰,王鍾翰輯錄,《遯堪文集》,上海:張芝聯,1948 年。

31. 曹元弼,《復禮堂文集(一)》,臺中:文聽閣,2008 年。

32. 梁啓超,《清代學術概論》,臺北:里仁,1995 年。

33. 梁啓超,《飲冰室文集(二)》,臺北:臺灣中華書局,1960 年。

34. 梁啓超,《飲冰室合集(一)》,北京:中華書局,2008 年。

35. 梁鼎芬,《節庵先生遺稿》,香港:楊敬安,民國年間。

36. 章太炎,《章太炎的白話文》,臺北:藝文印書館,1972 年。

37. 章炳麟著,徐復注,《訄書詳注》,上海:上海古籍出版社,2000 年。

38. 許同莘編,《張文襄公年譜》,北京:北京圖書館出版社,2006 年。

39. 陳谷嘉、鄭洪波主編,《中國書院史資料(下冊)》,杭州:浙江教育,1998 年。

40. 陳衍撰,陳布編,《陳石遺集(上)》,福州:福建民眾出版社,2001 年。

41. 傅守謙,《達可齋文初集》,出版地、出版社不詳,民國 8 年刻本。

42. 湯志鈞編,《章太炎政論選集(上)》,北京:中華書局,1977 年。

43. 辜鴻銘,《辜鴻銘文集》,長沙:岳麓書社,1985 年。

44. 愛新覺羅‧玄燁撰,《御製數理精蘊上編》,臺北:臺灣商務印書館,1983

年。

45. 楊壽昌，《經學大義・周易》，出版地不詳：高等學堂，清宣統間鉛印本。

46. 楊壽昌，《經學大義・春秋》，出版地不詳：高等學堂，清宣統間鉛印本。

47. 楊壽昌，《經學大義・書經》，出版地不詳：高等學堂，清宣統間鉛印本。

48. 趙炳麟，《趙柏巖集（二）》，臺北：文海出版社，1969 年。

49. 劉禺生，《世載堂雜憶》，北京：中華書局，1997 年。

50. 劉師培，《劉申叔先生遺書（三）》，臺北：京華書局，1970 年。

51. 潘懋元、劉海峰編，《中國近代教育史資料匯編：高等教育》，上海：上
海教育出版社，1993 年。

52. 鄭觀應，《盛世危言——鄭觀應集》，瀋陽：遼寧出版社，1994 年。

53. 錢仲聯主編，《廣清碑傳集》（卷 20），蘇州：蘇州大學，1999 年。

54. 錢基博著，曹毓英選編，《錢基博學術論著選》，武漢：華中師範大學，
1997 年。

55. 璩鑫圭、唐良炎編，《中國近代教育史資料匯編：學制演變》，上海：上
海教育出版社，1991 年。

56. 薛福成，《籌洋芻議——薛福成集》，瀋陽：遼寧人民出版社，1994 年。

57. 羅振玉，《雪堂自述》，南京：江蘇人民出版社，1999 年。

58. 蘇輿編，《翼教叢編》，臺北：中央研究院中國文哲研究所，2005 年。

59. 龔自珍，《龔自珍全集》（第 1 輯），上海：上海人民出版社，1975 年。

專　書

1. 丁亞傑，《清末民初公羊學研究：皮錫瑞、廖平、康有為》，臺北：萬卷
樓，2002 年。

2. 王中江，《進化主義在中國的興起——一個新的全能式世界觀》，北京：
中國人民大學出版社，2010 年。

3. 王汎森，《古史辨運動的興起——一個思想史的分析》，臺北：允晨文化，
1987 年。

4. 王汎森，《章太炎的思想——及其對儒學傳統的衝擊》，臺北：時報文化，
1985 年。

5. 王爾敏，《中國近代思想史論》，臺北：華世出版社，1978 年。

6. 王爾敏，《晚清政治思想史論》，桂林：廣西師範大學出版社，2005 年。

7. 李細珠，《張之洞與清末新政研究》，上海：上海書店出版社，2003 年。

8. 周予同，《周予同經學史論》，上海：上海人民出版社，2010 年。

9. 周漢光，《張之洞與廣雅書院》，臺北：文化大學，1983 年。

10. 林志宏，《民國乃敵國也──政治文化轉型下的清遺民》，臺北：聯經出版社，2009 年。

11. 金觀濤、劉青峰，《觀念史研究──中國近代重要政治術語的形成》，北京：法律出版社，2010 年。

12. 柯文（Paul A. Cohen）著，林同奇譯，《在中國發現歷史──中國中心觀在美國的興起》，臺北：稻香，1991 年。

13. 孫春在，《清末的公羊思想》，臺北：臺灣商務印書館，1985 年。

14. 桑兵，《晚清學堂學生與社會變遷》，桂林：廣西師範大學出版社，2007 年。

15. 張海鵬、李細珠，《新政、立憲與辛亥革命：1901～1912》，南京：江蘇人民出版社，2005 年。

16. 張灝，《時代的探索》，臺北：中央研究院‧聯經出版社，2004 年。

17. 彭明輝，《晚清的經世史學》，臺北：麥田出版社，2002 年。

18. 鄒振環，《影響中國近代社會的一百種譯作》，北京：中國對外翻譯出版公司，1994 年。

19. 雷中行，《明清的西學中源論爭議》，臺北：蘭臺出版社，2009 年。

20. 熊月之，《中國近代民主思想史》，上海：上海社會科學院出版社，2002 年。

21. 熊月之，《西學東漸與晚清社會》，北京：中國人民大學出版社，2010 年。

22. 劉龍心，《學術與制度──學科體制與現代中國史學的建立》，臺北：遠流出版公司，2002 年。

23. 蔡振生，《張之洞教育思想研究》，瀋陽：遼寧教育出版社，1994 年。

24. 鄧洪波，《中國書院史》，上海：東方出版中心，2006 年。

25. 鄧洪波，《中國書院史》，臺北：臺大出版中心，2005 年。

26. 鄭師渠，《晚清國粹派：文化思想研究》，北京：北京師範大學出版社，2000 年。

27. 羅志田，《國家與學術：清末民初關於「國學」的思想論爭》，北京：生活‧讀書‧新知三聯書店，2003 年。

28. 羅檢秋，《近代諸子學與文化思潮》，北京：中國社會科學出版社，1997 年。

29. 關曉紅，《晚清學部研究》，廣州：廣東教育出版社，2000 年。

30. 蘇雲峯，《張之洞與湖北教育改革》，臺北：中央研究院近代史研究所，1983 年。

論 文

1. Liu Long-hsin, "Historical Lessons and the History of Knowledge in the Late Qing Examination System〞, Brian Moloughney and Peter Zarrow ed., Transforming History: The Making of a Modern Academic Discipline in Twentieth-Century China, Hong-Kong: The Chinese University Press, 2011, pp.75～102.

2. 丁亞傑,〈《翼教叢編》的經典觀——晚清今古文經學的爭論〉,《晚清經學史論集》,臺北:文津出版社,2008 年,頁 102～132。

3. 王汎森,〈晚清的政治概念與新史學〉,《近代中國的史家與史學》,香港:三聯書店,2008 年,頁 5～48。

4. 王爾敏,〈中西學源流說所反映之文化心理趨向〉,《中央研究院成立五十周年紀念論文集》二,臺北:中央研究院,1978 年,頁 793～809。

5. 王爾敏,〈晚清實學所表現的學術轉型之過渡〉,《中央研究院近代史研究所集刊》52(臺北:2006 年),頁 19～51。

6. 王鍾翰錄,〈張孟劬先生遯堪書題〉,《史學年報》2:5(北平:1938 年),頁 371～399。

7. 全漢昇,〈清末的西學源出中國說〉,《嶺南學報》4:2(廣州:1935 年),頁 57～102。

8. 朱維錚,〈晚清漢學:「排荀」與「尊荀」〉,《求索眞文明——晚清學術史論》,上海:上海古籍出版社,1997 年,頁 333～350。

9. 余英時,〈「創新」與「保守」〉,《中國文化與現代變遷》,臺北:三民書局,1995 年,頁 103～112。

10. 余英時,〈中國文化危機及其思想史的背景〉,《歷史人物與文化危機》,臺北:三民書局,2008 年,頁 162～163。

11. 余英時,〈中國知識分子的邊緣化〉,《中國文化與現代變遷》,臺北:三民書局,1995 年,頁 33～50。

12. 吳丕績,〈孫隘堪年譜初稿(續)〉,《學海》1:6(南京:1944 年),頁 92～97。

13. 吳丕績,〈孫隘堪年譜初稿(續)〉,《學海》2:2(南京:1944 年),頁 54～56。

14. 吳丕績,〈孫隘堪年譜初稿〉,《學海》創刊號(南京:1944 年),頁 88～96。

15. 李細珠,〈張之洞與《江楚會奏變法三摺》〉,《歷史研究》2(北京:2002 年),頁 42～52。

16. 李稚甫、章文欽整理,〈張爾田先生書札　第六函〉,蘇晨主編,《學土》1(廣州:廣東高等教育出版社,1996 年),頁 42。

17. 汪榮祖，〈晚清變法思想析論〉，《晚清變法思想論叢》，臺北：聯經出版社，1983 年，頁 1～58。

18. 林啓彥，〈戊戌時期維新派的大同思想〉，《思與言》36：1（臺北：1998年）頁 39～70。

19. 林麗娥，〈晚清經今文學之探討〉，《孔孟月刊》19：2（臺北：1980 年），頁 58～68。

20. 孫邦華，〈西潮衝擊下晚清士大夫的變局觀〉，《二十一世紀》65（香港：2001 年），頁 52～62。

21. 孫青，〈作爲表達方式的《周禮》：清末變局與中國傳統典籍〉，《東アジア文化交涉研究》3（大阪：2010 年），頁 221～235。

22. 孫德謙，〈中國四部書闡原〉，《亞洲學術雜誌》1：2（上海：1922 年），頁 1～7。

23. 孫德謙，〈存倫篇補義〉，《亞洲學術雜誌》1：3（上海：1922 年），頁 1～17。

24. 孫德謙，〈諸子要略（續）〉，《亞洲學術雜誌》1：3（上海：1922 年），頁 1～3。

25. 朗宓榭（Michael Lackner），〈源自東方的科學？──中國式「自斷」的表現形式〉，《二十一世紀》4（香港：2003 年），頁 85～94。

26. 張壽安，〈六經皆史？且聽經學家怎麼說──龔自珍、章學誠「論學術流變」之異同〉，田浩編，《文化與歷史的追索：余英時教授八秩壽慶論文集》，臺北：聯經出版社，2009 年，頁 273～305。

27. 張爾田，〈屛守齋日記〉，《史學年報》2：5（北平：1938 年），頁 341～369。

28. 張爾田，〈論學書五首〉，《學術世界》1：8（上海：1935 年），頁 90～91。

29. 陳獨秀，〈隨感錄〉，《新青年》4：4（上海：1918 年），頁 341～342。

30. 馮天瑜，〈張之洞與湖北近代教育〉，《湖北大學學報（哲學社會科學版）》3（武漢：1984 年），頁 64～75。

31. 楊貞德，〈自由與自治──梁啓超政治思想中的「個人」〉，《二十一世紀》84（香港：2004 年），頁 26～39。

32. 楊聯陞，〈與王爾敏論學書〉，《中華文化復興月刊》3：3（臺北：1970年），頁 55。

33. 葛兆光，〈應對變局的經學──晚清對中國古典的重新詮釋（一）〉，《中華文史論叢》第 64 輯，上海：上海古籍出版社，2000 年，頁 1～22。

34. 褚承志，〈清末民初山東存古學堂〉，《山東文獻》2：2（臺北：1976 年），頁 45～46。

35. 劉廣京，〈晚清人權論初探——兼論基督教思想之影響〉，《新史學》5：3（臺北：1994 年），頁 1～23。

36. 劉龍心，〈從科舉到學堂——策論與晚清的知識轉型（1901～1905）〉，《中央研究院近代史研究所集刊》58（臺北：2007 年），頁 105～139。

37. 劉龍心，〈晚清民族觀念的蛻變與重塑——以新式學堂教育為對象的察考〉，《輔仁歷史學報》6（臺北：1994 年），頁 223～244。

38. 蔡志榮、王瑜，〈從經心書院到存古學堂：張之洞的書院觀之嬗變〉，《商丘師範學院學報》24：1（商丘：2008 年），頁 51～53。

39. 蔡長林，〈「六藝由史而經」——張爾田對經史關係之論述及其學術歸趨〉，《從文士到經生——考據學風潮下的常州學派》，臺北：中央研究院中國文哲研究所，2000 年，頁 463～505。

40. 蔡長林，〈文人的學術參與——《復堂日記》所見譚獻的學術評論〉，《中國文哲期刊》40（臺北：2012 年），頁 129～176。

41. 鄭和兵、王森，〈淺析張之洞創辦存古學堂之緣由〉，《傳承》26（南寧：2011 年），頁 72～73+85。

42. 鮑國順，〈荀子評價的歷史觀察〉，《儒學研究集》，高雄：復文出版社，2002 年，頁 105～134。

43. 謝國楨，〈近代書院學校制度變遷考〉，胡適、蔡元培、王雲五編，《張菊生先生七十生日紀念論文集》，上海：商務印書館，1937 年，頁 281～322。

44. 羅志田，〈送進博物院：清季民初趨新士人從「現代」裡驅除「古代」的傾向〉，《裂變中的傳承》，北京：中華書局，2009 年，頁 92～130。

45. 羅志田，〈新的崇拜：西潮衝擊下近代中國思想權勢的轉移〉，《權勢轉移：近代中國的思想、社會與學術》，武漢：湖北人民出版社，1999 年，頁 18～81。

46. 關曉紅，〈殊途能否同歸——立停科舉後的考試與選材〉，《中央研究院近代史研究所集刊》59（臺北：2008 年），頁 1～28。

47. 關曉紅，〈張之洞與晚清學部〉，《歷史研究》3（北京：2000 年），頁 80～91。

碩博士論文

1. 康永忠，〈清末存古學堂考述——以湖北存古學堂為重點〉，上海：復旦大學歷史研究所碩士論文，2005 年。

2. 許金萍，〈清末存古學堂的辦理及歷史反思〉，武漢：華中師範大學教育學院碩士論文，2011 年。

3. 郭書愚，〈存古學堂述略〉，成都：四川大學歷史研究所博士論文，2008 年。

4. 郭書愚，〈清末四川存古學堂述略〉，成都：四川大學碩士論文，2002 年。

5. 陳秋龍，〈張爾田的經史思想與文化關懷〉，臺北：國立師範大學歷史學系碩士論文，2011 年。